이 팔찌의
주인은
누구였을까

서달희 수필집

교음사

책 머리에

「천년도 당신 눈에는」

천년도 당신 눈에는 지나간 어제 같고
마치 한 토막 밤과도 비슷하나이다.

당신이 앗아가면 그들은 한바탕 꿈
아침에 돋아나는 풀과도 같나이다.

'주여 당신만은 영원히 계시나이다.
주여 당신만은 영원히 계시나이다.'

「주 하느님 크시도다」

주 하느님 지으신 모든 세계 내 마음속에 그리어 볼 때
하늘의 별 울려 퍼지는 뇌성 주님의 권능 우주에 찼네.

저 수풀 속 산길을 홀로 가며 아름다운 새소리 들을 때
산 위에서 웅장한 경치 볼 때 냇가에서 미풍에 접할 때

'내 영혼 주를 찬양하리니 주 하느님 크시도다
내 영혼 주를 찬양하리니 크시도다 주 하느님'

운전을 하고 다닐 때나, 아름다운 경치를 보게 되면 늘 부르는 성가와, 이 세상 삶이 한줌 흙으로 돌아갈 뿐이라고 느껴질 때면 부르게 되는 성가 두 곡을 책머리 글로 시작합니다.

어떤 말로 해도 제 심정을 이보다 더 잘 나타낼 말을 찾기 힘들어서입니다. 재주가 무딘 저를 수필을 쓸 수 있게 하시고 하느님께 기도하

는 자녀로 허락하시니 감사하나이다.

그 중에서도 남편과 함께 신앙생활을 할 수 있도록 해 주시고, 전대사를 드리러 전국에 있는 순교성지를 순회할 수 있게 은총 허락하시니 감사할 뿐입니다. 평소에 전대사를 드리면서 한 분 한 분 기억하며 일지처럼 쓰는 것이 감사의 표현 방법 중 하나였습니다. 그리고 그런 글들을 블로그에 올리면서 많은 사람들을 하느님 앞으로 돌아오게 하고 싶었습니다.

라파엘을 떠나보낸 아픔도 이제 전대사를 드리러 다니는 중에 많이 삭였습니다. 얼굴도 모르는 분들의 전대사를 드리면서 느끼는 기쁨은 제 둔필로 다 전할 수 없습니다. 수필이라는 틀에 잘 맞추지도 못했습니다. 그냥 있는 그대로 기도문처럼, 간증문처럼 내보입니다. 오로지 하느님께 대한 경배와 영혼 구원에 대한 열망으로 화장하지 않은 여인의 얼굴 같은 글을 한데 엮었습니다.

많은 독자들이 수필의 진솔함과 신앙심이 어우러진 글을 만나면서 가슴이 뜨거워지고 영혼구원의 역사가 일어났으면 더할 데 없는 기쁨이겠습니다. 다듬어지지 못한 글들이 많지만 사랑으로 보듬어 주시고 신앙으로 읽어 주시면 고맙겠습니다.

이 책이 발간되도록 용기를 주시고 애써 주신 이민호 선생님께 감사드리고 아름다운 책으로 만들어 주신 교음사 강병욱 대표님과 류진 편집장님께 고마운 인사를 드립니다.

수필의 길을 함께 걸으며 늘 벗해 주시며 사랑 담긴 지도를 아끼지 않으시는 오경자 교수님과 출간의 기쁨을 함께 나누고자 합니다.

2020년 1월

저자 徐 達 姬(monica)

| 서달희 수필집 |

- 차 례
- 책머리에

1부 언덕 위의 2층집

2부 김일성 할아버지 …

3부 순천만 갈대밭에

4부 일단 펴서 읽어라

1

언덕 위의 2층집

- 성지에 가는 날 꿈에 오신 것처럼
- 100세 시대를 향해 가고 있는데
- 호랑이 선생님이 꿈에
- 아이들의 합창소리
- 언니의 후배였던 것이 축복인 것처럼
- 언덕 위의 2층집
- 어린 천사 신원영
- 커다란 철문이 활짝 열리며
- 당신 꿈에 보여야 기도를 받으시니까

성지에 가는 날 꿈에 오신 것처럼

이따금 친정 가는 길에 화성에 있는 양감면을 지난다. 요당리 성지라는 표지를 보며 여기도 성지가 있었네? 언제고 시간 내서 한번 순례를 와야지 마음먹고 있었는데, 우리 7두레에서 그 성지를 간다고 하니 다른 일을 뒤로하고 참석하게 되었다. 성지에 갈 적마다 늘 새로운 감동을 받고 온다.

성지를 가는 날 새벽에 깨었다가 잠깐 또 잠이 들었다. 정말 꿈에도 생각 못한, 시할머니를 꿈에서 뵈었다. 돌아가신 지가 20년이 넘었고 한 번도 꿈에서 뵌 적이 없었기에 어쩜 할머니 꿈을 다 꾸었을까, 고개가 다 갸우뚱해졌다.

오늘 요당리 성지에 가는 날인데, 기도 받기를 원하시나? 마음속으로 생각하며 버스에 올랐다. 연미사 봉헌해야지 생각을 가다듬고 있는데 할머니 성함이 생각이 나질 않는다. 남편에게 문자를 넣었다. '장사임' 이라는 답장이 왔다. 장사임 영혼과 혼자 살다 얼마 전에 돌아가신 이 성녀 살로메 할머니를 위해서 연미사 봉헌을 하였다.

버스 안에서 총무님이 요당리 성지에 대한 안내를 하시는데, 장주기요셉 성인의 출생지라고 한다. 그 말씀을 들으며, 나만의 생각으로 어떤 의미를 부여하고 있었다. 절두산에 갈 적마다 성인들의 유해를 모신 지하실에서 장주기요셉 성인께도 기도를 많이 해서인지 그 이름을 듣는 순간 무척이나 반가운 마음이 들었다. 조상님의 성함을 듣는 것처럼, 혹시 우리 할머니가 장주기요셉성인의 후손이 아닐까 하는 마음이 든다. 할머니가 그곳에서 시집오셨을 것만 같다. 할머니가 평생 사셨던 서정리와 가까운 고장이어서 더 그런 생각이 들었다.

할머니가 94세에 돌아가실 때이다. 정월 초에 할머님을 뵈러갔는데 너무나 병약하신 모습으로 누워 계셨다. 우릴 보고 반가워하시며 손을 잡으시는데, 느낌에 오래 못 사실 것 같다는 생각이 들었다. 뵙고 온 지 이틀 만에 돌아가셨다. 정월 초라 얼마나 추운지 바람이 술술 들어오는 시골집에서 장례를 모시는 일이 어려웠다. 사촌동서들까지 10여 명이 부엌에 있으니 맏동서인 나에게는 마루에서 상 차리는 일을 하라고 하여 음식을 대접하는 일을 하였다. 그랬는데도 춥기도 하거니와 서성거렸더니 치질(痔疾)이 재발을 하여서 한두 발짝 움직이는 것도 고통이었다.

따뜻한 곳에 있으면 가라앉았다가도 다시 고통스러워지곤 했다. 누구에게 말도 못하고 3일을 견디며 그때 다짐하고 다짐한 것이, 장례 모시고 집에 가면 이번엔 무슨 일이 있어도 수술을 받으리라 결심하였다. 첫 아이를 낳고 생긴 병이어서 참고 지내느라 20여 년 동안 많이 힘들었다. 아마 수술을 받았어도 몇 번은 받아야 될 상황이었는데 그 과정이 겁이 나서 참기만 하였다. 길을 가다가도 걸음을 멈추고 가라앉기를 기다리며 행길에서 몇십 분씩 참는 일을 여러 번 겪고, 옷을 갈아입으려고 집으로 다시 돌아오곤 하였다. 이런 상황이 여러 번인데도 참고 지냈다는 게 내가 얼마나 미련한 사람인지를 알게 해준다.

장례를 마치고 집에 돌아왔다. 아픈 곳이 가라앉으면 또 망설이게 될까봐 바로 병원에 입원을 하였다. 길동에 있는 성심병원에서 아프지 않게 수술 해준다는 말을 듣고 그 곳으로 갔다. 수술실에서 마취를 하는 과정에서 담당선생님이 이런 저런 말을 시킨다.

"안암동에 고대병원이 있는데 왜 이 먼 곳까지 오셨어요?"

"아프지 않게 수술한다고 해서요"

"자녀는 몇이나 두셨습니까?"

"둘이에요" 하다가 꿈나라로 갔다.

실컷 자고난 후 깨었다. 얼마나 달게 잤는지 몸이 날아갈 것 같다. '아휴 잘 잤다.' 기지개까지 켜며 눈을 떴다. 서성이던 여자 선생님이

"어머나! 깨어나셨네요." 하며 반가워한다.

"내가 오래 잤나요?"

"네 좀 오래 걸리셨어요." 한다.

밖에서 기다리고 있던 딸이 다른 사람들은 다 나오는데 엄마만 회복실에 오래 있었다며 초조하게 기다린 표정이다. 난 실컷 자고 나왔을 뿐인데 오랜 시간이 지났나 보다. 척추에 부분 마취만 했다는데도 오랫동안 잠 속에 빠져 있었다. 그래서 혹시나 못 깨어날까 봐, 선생님이 초조하게 기다리고 있었나?

이틀 후에 회복이 되어 차를 몰고 집에 왔다. 가벼운 걸음으로 다닐 때마다 할머니 생각을 하게 된다. 더 오래 미루지 말고 수술하라고 3일 동안 고통을 주신 것만 같다. 할머니가 가시면서 내 묵은 고통 하나를 덜어주고 가셨다는 생각만 든다.

할머니와 추억 여행을 하는 동안 어느새 차는 서울에 다 와 있었다. '우리 할머니가 장주기요셉 성인의 후손이 아닐까?'라는 진위 여부를 떠

나서 요당리 성지에서 할머니를 위한 연미사를 봉헌해 드리게 되어서 기쁘고 감사할 뿐이다. 요당리 성지! 가족이 함께 다시 참배해야겠다는 생각을 하며 꼭 실천해야지, 다짐한다.

할머니! 성지에 가는 날, 꿈에 오신 것처럼 앞으로도 계속 저를 보살펴 주셨으면 좋겠습니다.

'하느님! 모든 일이 감사합니다. 찬미영광 받으소서.'

100세 시대를 향해 가고 있는데

뭘 그렇게 웃고 계십니까? 가족과 친지들이 마음 아파하는 것이 재미있으신가요? 슬퍼하는 사람들은 아랑곳하지 않고, 평소 모습처럼 영정 안의 사진 속에서 환하게 웃고 계시군요. 중병으로 앓고 계셨지만 그래도 운명하시기 하루 전에 통화할 때도, 컨디션이 좋다고 말씀하시며 언제 시간 맞춰서 식사하자고 하더니, 이렇게 홀연히 떠나시다니요.

막내아들이 전화해서 어머니가 돌아가셨다는 말을 할 때, 제대로 경위도 못 들은 채 목이 메여 울기만 하였습니다. 지금은 이미 100세 시대를 향해 가고 있는데, 당신은 73세밖에 못 살 거라고 하셨지만, 그 말에 반박이라도 하듯이 100세는 너무 많으니까 90세까지만 사시라고 하면,

"응 그럴게…"

순순히 대답하더니 뒤 한번 돌아보지 않고, 하루 만에 가 버리셨군요. 왜 73세를 못 박으셨는지 알다 가도 모를 일입니다. 젊었을 때 재미삼아 본 점괘가 그렇게 나왔다고 하셨던가요?

사람이 살면서 여러 인연을 만나지만, 형님 역시 저에게는 잊을 수 없

는 분이었어요. 대모님을 통해서 형님을 알게 된 이후 형님은 저에게는 살면서 힘이 되는 인생의 윤활유 같은 분이셨습니다. 늘 골프 동반자가 되어 주었고, 해외에 나갈 때도 꼭 동반자로 같이 하길 원하셨지요. 다른 사람들과의 만남에서는 가끔 눈살 찌푸리는 언행들도 보았지만, 형님은 15년여를 지내면서 한 번도, 마음을 상해주지 않으셨어요. 어찌나 고운 마음인지 형님을 만나러 갈 때는 늘 행복했습니다. 운동 중에 내가 잘 하는 행동이 있었지요. 어느 골프장에나 있는 과일나무들, 특히 꽃사과 열매나 보리수를 따 먹으면 질색을 하며, 오래도록 같이 골프 쳐야 하는데 농약 묻은 거 먹지 말라고 말리곤 하셨으면서, 형님은 왜 먼저 가버려서 남아 있는 우리들의 상실감을 크게 하는지 원망스럽기만 합니다. 이젠 모든 게 다 지나간 추억일 뿐이군요.

하지만 형님이 얼마나 잘 사셨는지를 장례 중에도 여러 번 확인할 수 있었습니다. 형님은 아들만 셋이라 이따금 제가 놀리곤 했지요. 아들만 셋을 둔 여자는, 아들만 둘인 목(木)메달도 아닌, 메달권 밖의 여자라고요. 그러면 형님께선 나도 막내 또는 둘째가 딸이었으면 좋았을 텐데, 하며 딸이 있는 저를 부러워하셨습니다. 그랬는데 딸이 있는 엄마들보다도 더 행복하게 사신 것을 알았습니다. 아들 셋에, 며느리 셋, 손자 손녀들이 입관 때와 장례미사 중에 얼마나 우는지, 요즘 장례 때에 그런 모습들을 별로 못 보아서인지 형님의 비단결같이 고운 마음씨가, 자손들의 모습에서 그대로 드러났습니다. 아마도 하느님께서도 그런 형님을 웃으며 어서 오라고 받아주셨을 것만 같아요. 잠자리가 편하려면 하루를 잘 살아야 하고, 잘 죽으려면 일생을 잘 살아야 된다고 하는데 형님은 그렇게 사셨지요.

형님! 혹시 박경원 라파엘 천사가 뛰어오며 마중하지 않던가요? "할머니! 왜 이렇게 빨리 왔어요?" 하며 두 손을 잡고서 하느님께로 모셔 갔을 것 같습니다. 그동안 라파엘과는 기도 속에서만 만났지만, 너무나 잘 아는 친구처럼 반겼을 것 같습니다.

5년 전, 경원이가(라파엘) 어려운 병인 걸 알고 제일 먼저 전화해 "경원이가 머리에 종양이 생겼대요. 기도해 주세요."라고 목이 메어 울며 부탁드렸더니, "우야면 좋겠노? 못 하는 기도지만 같이 할게. 우리 동생이 아주 믿음 생활을 열심히 하는 권사인데 내 동생한테도 부탁할게," 하시고 일 년 동안 꾸준한 기도를 해주셨지요.

그동안에 형님께서는 갑상선으로, 아주 오랫동안 투병 중이어서 운동 중에도 기운이 떨어져 걷기도 힘겨워 하였고, 2008년에는 다른 암(癌)이 생겨 방사선 치료까지 받으셨지요. 나는 왜 하나를 고치는가 싶으면 또 다른 곳이 아파서 이렇게 고통스러운지, 너무 힘이 든다고 하소연 하셨지요. 그래도 운동하실 때는 청년처럼 공을 날리셨어요. 스테로이드 약 때문인지 쉬고 싶어 누워도, 벌떡벌떡 일어나진다고, 후유증이 너무 많다고 약을 줄이시더니, 그래서일까요? 돌아가실 때는 자손들을 힘들게 하지 않고 하루 만에 선종하는 은총을 입으셨네요.

2008년 12월 15일 경원이가 하늘나라로 돌아가는 날, 아침 일찍 전화를 하여서 무슨 일인지 1주일 전부터 경원이도 꿈에 보이고, 내 생각이 많이 나서 걱정했다고 하셨지요. 어제 일요일엔 미사 중에, 특별히 경원이 이름이 자꾸 불러지며 기도를 하셨다고 하였습니다. 그날 통화하는 도중에 경원이는 하늘나라로 갔지요. 저를 위해 기도해준 사람들 꿈에 한두 번씩은 다 나타난 것 같았습니다. "그동안 기도해 주셔서 고맙습니다. 저 이제 하늘나라 갑니다." 하는 것처럼.

장례를 다 마치고 형님께 전화를 해서 "그동안 기도해 주셔서 고마웠어요. 이모님께도 꼭 감사의 말씀 전해주세요. 형님도 이모님도 경원이를 본 적도 없지만 늘 기도해 주셔서 감사했습니다. 경원이가 정말 치유의 라파엘 천사가 되었는지, 저를 위해 기도해 주신 분들한테 치유의 전달자가 된 것처럼 많이 아프던 분들이 안 아프대요. 형님께서도 그동안 못하는 기도지만 기도하고 있어 좋아지겠지 하며 꾸준하게 기도해 주셨잖아요. 이제 가지고 있던 병주머니 다 떼어 버리시고 건강하게 사세요. 박경원 라파엘천사가 도와줄 거예요" 했더니, "그럴게, 이제 안 아프면 좋겠어. 경원이한테 맡기면서 기도할게" 하셨습니다.

며칠 후에 형님 전화를 받고서, 때도 없이 감기가 잘 걸리는 분이라 날씨도 찬데 감기 안 걸리셨느냐고 했더니, "내가 요즘 몸 컨디션이 너무 좋아졌어. 머리도 맑아지고 정말 경원이가 도와주나 보다는 생각이 들어. 다른 때 같으면 감기에 걸려서 한 달쯤 고생을 하고 있을 때인데, 몸이 가벼운 게 이렇게 기분이 좋을 수가 없어." 하셨지요. 권사인 동생한테도 전화해서 경원이 기도 많이 해준 사람들은 이런 저런 좋은 일들이 있단다. 너는 좋은 일이 없나? 했더니 언니, 좋은 일이 많아요. 그동안 결정이 안 되었던 딸이 좋은 사람을 만나 결혼하게 됐고, 몇 년이나 집에만 있던 아들이 직장을 다니게 되었다고, 특히 남편이 스스로, 다음 일요일부터는 교회에 같이 갈게 하였다며, 그 동안에 남편이 교회를 멀리해서 마음이 늘 아팠는데 이런 일이 생겼다고 좋아하더라고 하셨지요. 다 때가 되어 그런 일들이 생긴 것이겠지만, 경원이가 그 아저씨의 마음을 움직이게 기도해 주었나 보다는 생각이 들어, '하느님! 그냥 감사기도 드립니다. 그분이 예수님께로 마음을 돌리게 해 주셔서 감사할 뿐입니다.' 하는 기도가 되었어요.

"박경원 라파엘 천사님!! 우리 모두를 위해서, 특히 아픈 이들을 위해서 기도해 주세요."

언젠가 운동이 끝나고 안성 우리 언니네를 함께 간 적이 있었지요. 그 후에 형님이 이따금 "안성에 성모님 닮은 언니는, 잘 계시나?" 하고 물으시고 또 언니도, "너랑 같이 왔던 그 예쁜 선배는 건강하시냐? 좀 약하신 것 같았는데…" 하고 서로가 안부를 묻곤 했지요. 그래서 언니에게 전화를 하여 "언니가 이따금 안부 묻던 율리안나 형님이 돌아가셨어요. 기도해 주세요." 했더니 "약하신 거 같더니 가셨구나. 그래 기도해야지. 연도할게," 하며 안타까워 하셨어요. 사람의 인연이란 얼마나 오묘한지 그 한 번의 만남으로 기도를 받게 될 줄을 누가 알았겠어요. 사람이라 지을 수 있는 작은 죄(罪)까지 다 사해질 것만 같습니다. 우리 언니 기도는, 하느님이 즐겨 들어 주시는 것만 같기 때문입니다.

형님! 이젠 분당으로 점심 먹으러 행복하게 달려가던 일을 못 하게 되었군요. 후배라고 꼭 나보고 오라고 하여서, 점심 먹자고 분당까지 와야 되느냐고 투정도 부렸지만, 이젠 그 즐겁던 투정도 할 수가 없어지니, 이 막막함을 어떻게 할까요? 가장 많이 사용했던 형님의 전화번호는 또 어떻게 지워 버릴지, 그대로 두려고 합니다. 혹시라도 천국에서라도 전화가 오지 않을까 막연한 희망을 가지고서,

형님, 그곳이 얼마나 좋은 곳인지 꿈에서라도 보여 주세요.

봉화까지 3시간이나 걸려서 도착한 장지는, 시어른들이 이미 잠들어 계신 곳이었는데, 앞이 탁 트인 양지바른 곳이었어요. 살아있는 우리들에겐 슬픈 장소지만, 늘 병고에 시달리던 형님한테는, 완전한 치유를 받고, 편안히 잠들 수 있는 곳이었습니다. 산소에서조차 환하게 웃고 계신 영정사진을 뒤로 하고 먼저 내려오는 길옆에는, 뽕나무도 있어서 철없이 오디도 따먹으며 내려왔습니다. 평소 같으면 또 한마디 하셨을 것 같군

요. 열매 따 먹는 것 꽤 좋아한다고요. 하지만 지금서 고칠 수도 없는 일이니, 잘 살다 오라고 기도해 주세요.

"모니카! 대모님이랑 점심 먹게 분당으로 오래이." 하는 말이 들릴 것만 같습니다. (2011. 6)

호랑이 선생님이 꿈에

성지에 가기 전 날이면 꼭 꿈에 보이는 분들이 있다. 이미 오래전에 돌아가셔서 잊고 지내던 분들이다. 지인이거나 만나본 적도 없는 분들도 꿈에 만난다. 평상시엔 생각조차 안 하던 분들이다. 처음에 이런 상황이 오면 고개를 갸우뚱거리며 못 알아들었지만 지금은 바로 알아듣는다. 기도해 달라는 메시지로, 기쁘고 감사한 마음으로 성지에 다닌다.

새벽녘에 예전 드라마 「호랑이 선생님」에 나왔던 배우 꿈을 꾸었다. 어느 주교님과 우리 집을 방문하였다. 평상시에 잘 알았던 사람처럼 느껴져서 반갑게 만났다. 꿈을 깨고 나서는 기도를 청하는 것이라고 이해는 하면서도 조금 황당하긴 하였다. 그분 이름이 생각이 안 나서 호랑이 선생님을 검색해서 이름을 알았다. 검색하는 과정에서 황치훈의 이름까지 보게 되었다.

몇 년째 누워만 있다 떠난 치훈이를 위해서 아픈 마음으로 오랫동안 기도를 해 주었었다.

「라파엘 천사 기금」으로 위로금을 주고 싶어서 신부님과 의논하고 싶었는데 이미 전원 신부님이 제기동에 안 계시고 나 역시 제기동 신자가 아니어서 새로 오신 신부님과는 의논을 못 하였다.

초등학교시절 우리 딸과 같은 반이었고 주일학교도 같이 다녔다. 치훈이의 임종 소식을 뉴스에서 접하고 그만 하늘나라에 간 것이 잘된 것 같기도 하였다. 안타깝게도 전대사 기간이 아니어서 초남이 성지에 갔을 때, 연미사를 봉헌했었다. 그랬는데 조경환 배우를 꿈에 만나서 자연히 치훈이까지 기도해 주게 되어 얼마나 감사한지. 이것도 꿈을 통해서 치훈이 기도까지 해 주라고 깨우침을 주신 것만 같다.

'하느님, 감사합니다.'

아이들의 합창소리

오늘은 예정에도 없던 절두산성지에 가게 되었다.

일산에서 일하고 있는 친구에게 2시까지 약 달인 것을 가져다주고 나면 3시 미사에 충분히 맞춰 갈 수가 있을 것 같아서 마음에 담아 두었다.

성지에 가려고 마음을 정하고 나니 오늘은 전대사 은총을 누구에게 드릴까? 생각하게 되었다. 가까운 친지는 거의 봉헌하였기 때문에 생각이 나질 않았다. 마침 어제 저녁에 통화한 사촌언니가 생각이 났다.

딸이랑 사위가 잘 견디고 있는지 몇 번 전화했는데 번호가 틀렸는지 통화가 안 되었다며 안부 전화를 하였었다. 언니, 많은 분들의 기도 덕분으로 잘 견디고 있어요. 나름대로 많이 보고 싶고 생각이 나겠지만요.

아침에 사촌언니와 다시 통화하여 시모님이(나에게는 사돈) 아가다 인 것을 알았다. 사실은 시부님이 우리 부부를 중매하신 분이다. 우리 시아버지와 친구이셔서 중매를 했었다.

일산에 가서 약을 전달하고 돌아오는데 절두산 성당이 너무나 가까웠다. 안암동 우리 집에서 갈 때보다도 더 가까운 듯했다. 적당히 차를 주차하고 시간도 넉넉해서 성모상 앞에도 가고 또 성해모신 지하까지 가서 기도하였다.

미사 중에 영성체 시간에 성가를 부르는데 어디선가 어린이들의 합창 소리가 들려왔다. 이상하네? 이렇게 아름답게 성가 부르는 어린이들이 있다니…. 노래 소리가 나는 곳을 두리번두리번 찾아보니 반대편 의자에 10여 명의 어린이들이 보였다. 나란히 앉아서 노래 부르는 아이들을 보자 왜 눈물이 나는지, 울었다. 하느님을 찬미하는 그 모습들이 너무 대견하고 아름다워서인 것 같았다.

174번 성가였다.

사랑의 신비여 천사가 찬미하며
하늘과 땅이 다 함께 영원히 찬미하도다.
복되어라 주님의 잔치 생명의 빵을 주시나니
은혜로운 당신의 사랑
신비스런 복된 성사여

오랫동안 절두산에 다녔지만 성가 부르면서 오늘처럼 기쁜 날은 없었다. 10여 명의 어린이들이 부른 노래로 인해서 이렇게 기쁠 수가 있다니 감사할 뿐이다. 어린 천사 라파엘을 위해서 1년여를 절두산 성당에 울며 다녔는데 오늘은 정말 행복하였다. 이 세상에 아이들이 없다면 얼마나 삭막할까 아이들만이 희망인 것 같다. 미사 때마다 나 같은 할머니들만 성가를 부르다가 천상의 소리처럼 들리는 성가를 들으니 오늘 오기를 너무나 잘 했다는 생각이 든다. 퀵 배달로 약을 보내려다가 내가 간 것이 아주 잘한 일이 되었다.

미사가 끝나고 신부님 역시 한 말씀하셨다. 오늘 어린이들이 성가를 크게 불러주어서 너무 고마웠다. 아주 오랜만에 어린이들이 부르는 성가를 들었기 때문에 기쁘다고 하시며 인솔자 선생님 나오시라고 불러내셔서 아이들 모두에게 상본 선물을 주셨다. 그러시면서 성당에 올라오시며 꽃향기 맡으셨어요? 여유를 갖고 천천히 다니시면 바람에 실려 오는 향기를 맡을 수 있다고 성지에 많이 피어 있는 꽃들을 자랑도 하셨다. 정말 라일락향기가 코끝에 와 닿으니 행복이 배가 된다. 성당에서 내려오는 중간에는 무슨 꽃나무인지는 모르지만, 빨간 꽃인데 아주 맛있는 향기가 걸음을 멈추게 한다.

오늘은 여러 사람을 위해서 기도가 되었다. 특히 약을 가져다준 친구를 위해서도 건강하게 기쁜 마음으로 일할 수 있기를 기원하며 기도하였다. 그가 맡은 역할들을 보면서 많은 사람들이 기쁨을 얻고, 좋은 것은 취하고 나쁜 것들은 걸러내는 안목들이 길러지기를 바라는 마음으로 기도하였다.

'하느님! 오늘 기쁘고 행복한 하루 주셔서 감사합니다.'

언니의 후배였던 것이 축복인 것처럼

2002년에 아프리카 갈 때이다. 케냐 영사관에 비자발급을 받으러 갔다. 마침 친언니처럼 지내던 선배의 아들이 영사관에서 근무를 하고 있어서 많은 도움을 받았다. 까다로운 서류작성을 조카 같은 과장이 다 해주었다. 어려서는 보았었지만 유학을 가서 있었던 관계로 성인이 되어서는 못 만났었기 때문에 서로 얼굴도 몰랐다. 엄마 후배라는 이유만으로 친절하게 비자를 대행해 주었다. 그때는 이미 그 언니는 돌아가셔서 안 계실 때였다.

세월이 흐른 후에 언니를 잘 아는 친구와 오랜만에 언니네 이야기를 하게 되었다. 통화 중에 영사관에 있던 아들은 잘 있는지 물었다. 10여 년 전에 무슨 열병으로 갑자기 죽었다는 얘기를 듣고 놀라서 말문이 막혔다. 선배언니가 안 계시니 무심히 지낸 까닭이다. 전대사 기간 중에 그 소식을 들은 것만으로도 감사하다. 비자 받을 때의 기억을 떠올리며 정성껏 기도했다. 이미 하늘나라에 갔다면 불쌍한 영혼에게 전대사 은사를 전달해 주리라는 믿음으로.

언니가 살아 계실 때에 골프 동반자가 되어 운동을 같이 다녔다. 어느 날 아프리카 케냐에 가서 한 달만 있다 오자고 하시며 왕복 비행기표만 준비하라고 한다. 체류할 곳도 골프도 다 무료로 할 수 있다고 하시는데 그 당시에 케냐는 아주 열악한 나라로만 알았고 남편이 허락할 것 같지도 않았다. 그래서 입밖에도 내지 않았다.

그 후에 조카딸이 살고 있는 케냐에 가게 되었다. 한 달간 골프를 치며 그 언니 생각이 얼마나 나던지, 이렇게 좋은 곳인 줄 알았으면 그때 왔어야 했는데, 아쉬움만 커진다. 나이로비에 있는 파라다이스 호텔에 가서는 언니가 더 보고 싶어서 슬픔만 밀려왔다.

또 한 번은 예고도 없이 옷가방만 들고 공항으로 나오라고 한다. 정말 티셔츠 두어 벌만 챙겨서 공항으로 갔다. 언니 친구들과 4명이서 제주 공항에 내리니 까만 세단이 기다리고 있다. 자동차 문을 열려고 손잡이를 잡았다. 기사가 "잠시만 기다리십시오." 하며 정중하게 문을 열어준다. 그냥 문을 열면 되는데 싶어 황당한 마음까지 들었다. 영화에서만 보던 장면이 연출된 셈이다.

골프장에 도착하였다. 정식 개장 전에 시범 라운딩을 한다고 하였다. 골프채도 다 준비해 준다. 네 명이 그야말로 VIP 대접을 받으며 티샷을 날렸다. 언니야 당연하지만, 나까지 그런 대접을 받으니 그날따라 공까지 잘 맞았다. 이 날아갈 것 같은 기분!

저녁시간이 되었다. 성찬으로 차려진 식탁 옆에 시중드는 직원이 하얀 냅킨을 팔에 걸친 채 서 있다. 이런 상황도 역시 영화에서나 보던 장면이다. 일일이 챙기며 시중을 드는데 난 그 남자 때문에 식사시간이 즐겁지가 않았다. 자유롭게 수다를 떨 수가 없었다. 언니에게 귓속말로 "저 남자 좀 가라고 하세요." 했다. 웃기만 한다. 식사가 끝나자 소화제라고 하며 노래방으로 데려간다.

이승만 대통령의 별장이었던 호텔에 도착하였다. 온돌방이 좋으실 것 같아서 준비해 놓았다고 한다. 방에 들어서니 장미향이 진동하는 꽃바구니가 우릴 반긴다. '오신 걸 환영합니다.'라는 인사말이 적힌 커다란 꽃바구니였다. 이튿날도 대통령 골프를 쳤다. 난 1박 2일 동안 자다가 떡을 받은 것 같았다. 언니가 안 계신 지금까지도 언니를 떠올리면 그 때 제주도에서의 꿈같은 시간들이 생각난다.

로자리아 언니! 2008년 전대사 기간에 언니를 위한 기도를 정성껏 바쳐드린 걸 알고 계시지요? 언니의 후배였던 것이 큰 축복인 것처럼, 언니는 저를 만난 인연으로 전대사 기도를 받으시니 그 또한 축복입니다. 언니, 이렇게 추억을 곱씹는 저를 보며 웃고 계시지요? 이 세상 잣대로는 슬픈 일이지만, 천국에서 사랑하는 아들도 만나셨으니 얼마나 기쁘세요. 저희를 위해서도 기도해 주세요.

언덕 위의 2층집

부여에 이사 온 지도 6년째가 되었다. 나는 이사 오면서 시골서 살게 되어서 너무 좋다고 지인들에게 자랑하였다. 오히려 서울 친구들은 시골에서 어떻게 사느냐고 다시 오라고 성화다. 어떻게 만난 행복인데 다시 오라니 당치도 않는 소리들을 한다.

이사 온 후에 다니러 오셨던 선배 언니가 면 소재지에 있는 마을을 보시더니 하도 시골로 이사 와서 좋다고 자랑하기에 집 옆에는 시냇물도 흐르고 산새도 지저귀는 그런 곳이려니 하였더니, '농협도 있고 하나로 마트에 우체국까지 있는 곳을 시골이라고 좋아하였느냐.'며 웃으신다.

추석에 왔던 3학년짜리 손자, 서진이도 마을을 한 바퀴 돌아보고는 "할머니, 면사무소에, 초등학교도 있고 있을 건 다 있네요." 한다.

시냇물도 흐르지 않고 산새도 울지 않는 곳이지만 그래도 나는 너무나 좋다. 차를 운전할 때도 드문드문 뒤따르는 차만 있을 뿐 앞지르는 차도 없다. 내 방 창문가에 있는 감나무에는 늘 새들이 와서 지저귄다. 하도 예쁜 소리를 내서 무슨 새일까? 내다보면 모양도 색도 처음 보는 새 한 쌍이 한참씩 지저귀다 간다. 한여름이 지나고 찬바람이 불면, 귀

뚜라미를 선두로 온갖 풀벌레가 울어대서 잠을 설치게도 만든다. 너무 시끄럽지만 조용히 하라고 나무랄 수도 없으니 웃음만 난다.

4일 만에 계약을 하고 집 주소를 보았을 때, 행정상 마을 이름이 초촌면 추양리였다. 느낌이 너무 좋다. 한문으로는 풀 '草' 자에 마을 '村' 자를 쓴다. 추양리는 가을 '秋'에, 볕 '陽' 자가 쓰여 있다. 시골 냄새가 물씬 풍기는 정이 가는 이름이다. 새싹이 돋는 봄이 되면 씨를 뿌리고, 여름내 가꾸어서 볕 좋은 가을에 오곡을 거둬들이는 인심 좋은 동네라는 느낌이 팍팍 들었다.

오늘 서울에는 눈이 내려서 빙판이 진 길을 가다가 교통사고가 여기저기서 났다는 뉴스인데 먼 나라 얘기같이 들린다. 부여에 와서 매번 느끼는 일이다. 오늘도 부여(특히 초촌면 인근)에는 눈이 전혀 내리지 않아서 미끄러운 길을 걱정 안 해도 되는 날씨이다.

12년도에 이사 오던 해이다. 그해에 장마가 길었다. 서울에는 한 달 내내 비가 내린다고 하였다. 부여에도 비가 많이 온다는 뉴스였다. 여기저기서 안부전화들을 주시며 부여에도 비가 많이 온다는데 피해가 없느냐고 걱정들을 하신다. 그런데 초촌면 일대에는 비가 내리지 않았다. 장마철이라는 것도 느끼지 못했다. 논산 일대에는 폭우가 쏟아져서 밖에 널어놓은 빨래 걱정을 하며 집에 오면, 마당도 인근에도 비가 내린 흔적이 없다. 이따금 내리는 비도 조용히 내렸다. 그래서 이곳 초촌면 추양리를 더 좋아하고 있다. 아무튼 이곳에 살면서 폭설과 폭우를 경험하지 못했다. 이곳으로 4일 만에 계약을 하고 이사하게 된 것을 감사하며 살게 된다. 거기다가 충청도 일대에 순교자 성지가 아주 많다. 목숨을 버리면서까지 지켜주신 신앙 선조들 덕에 기쁜 마음으로 전대사 기도를 하러 다니며 늘 감사할 뿐이다. 아마도 이 좋은 곳으로 터를 옮긴 것이 박

경원 라파엘 천사가 도와준 것만 같다.

서울이나 논산을 갈 때면 내비게이션에도 나오지 않는 둑방길로 갈 때가 있다. 둑방길을 가다보면, 먼 듯 떨어진 언덕 위에 2층으로 아담하게 지어진 주택이 보인다. 시골 주택 같지가 않은 그 집에는 누가 살까? 늘 궁금했었다. 그런데 그 집이 점점 누추해 보이기 시작하였다. 그리고 그 집에 사람이 드나드는 모습을 한 번도 못 보았다.

하루는 인근 마을에서 나고 자란 지인과 내 차를 타고 논산을 다녀올 때였다. 저 2층집에는 누가 사느냐고 물으니 그 집은 비어 있는 지가 오래되었다고 하며, 그 집을 지었을 때는 너무 잘 지은 집이라 인근 주민들이 거의가 구경을 갔다고 했다. 저렇게 좋은 집이 비어 있다는 게 이해가 안 되어서 연유를 물었다. 새 집으로 이사 간 지 얼마 안 되어서 가족 중에 누군가가 나쁘게 세상을 버렸다고 한다. 그래서 마을로 다시 내려오고, 그 집은 폐가로 남아서, 흉가라는 소문까지 나돈다고 하였다.

동생이 다니러 왔다. 둑방길로 가다가 그 집을 가리키며 저렇게 잘 지은 집이 비었다고 하였더니 '그 집을 빌려주면 우리가 살면 안 될까요?' 한다. 사람도 죽고 비어 있는 지가 오래되어서 흉가라는 소문까지 났다고 했더니 '사람 안 죽은 집이 어디 있나요? 기도하고 살면 되지요' 한다. 꼭 좀 알아봐 달라고 당부까지 한다. 동생네는 그때 마침, 이사를 갈까 하던 중이었다.

수소문을 하여 집 주인과 연락이 되었다. 사정 얘기를 하였더니 빌려드릴 수는 있지만 비어 있는 지가 23년이 되었다고 하며 아마 수리하는 비용이, 새로 짓는 것만큼이나 들어갈 거라고 한다. 없던 일로 하였다. 그러고 보니 돈이 될 만한 것은 다 뜯어가서 기둥만 남아 있다. 이젠 문이란 문도 다 뜯어가서 휑하다.

마침 전대사 기도를 하고 다닐 때였다. 그곳에서 돌아가신 영혼을 위해서, 기도해 드려야지 하는 마음이 들었다. 동생네 이사하는 이야기를 하다 보니 기도까지 해드리게 되어 감사하다.

'하느님, 이름도 모르지만 그곳에서 돌아가신 불쌍한 영혼을 위해서 기도합니다. 그에게 자비를 베푸소서. 아멘.'

이젠 뼈대만 남아있는 그 집을 바라보아도, 안 되었다는 생각보다는 오히려 평화를 느낀다. (나바위 성지 2018. 4. 29)

어린 천사 신원영

지난 주일에는 영광성당에 다녀왔다. 그곳도 전대사 지정 성당이어서 아녜스 씨 내외분과 같이 갔다. 논 군데군데 파란 보리 싹들이 보였지만 차창 밖의 풍경들은 아직은 을씨년스럽기만 하다. 남편이 속도를 내서 운전을 한 덕분으로 일찍 도착하여 교우들과 같이 십자가의 길 기도까지 하게 되어서 감사하다. 처음 가보는 곳이니 차창 밖 풍경 좀 보게 천천히 가자고 부탁을 해도 소용이 없었는데 오히려 넉넉하게 도착하여 14처 기도까지 하게 되니 고집불통 남편이 잘한 것만 같다. 불쌍한 영혼을 위하여 정성껏 전대사도 봉헌하였다.

오늘 주일은 전대사 기도를 기다리는 영혼을 위해서 아가다와 같이 해미성지에 가기로 한 날이다. 아가다도 전대사의 중요성을 알고 나서는 돌아가신 조상들의 명단을 아예 적어놓고 1주일에 한 번씩이라도 성지에 가려고 작정하였다고 한다. 복된 영혼들이시여 늦었지만 지금부터라도 천상행복을 누리소서.

아침에 무심히 뉴스에 눈길이 갔다. 평소에는 텔레비전도 안 보면서 그날 아침엔 왜 텔레비전에 눈길을 주었는지, 안 보면 좋았을 장면들이 보인다. 7살짜리 신원영 군에 관한 소식이다. 내 고장 평택에서 일어난 끔찍한 소식이라 더 마음이 아픈데 이미 사망한 지가 오래되었다는 말과 난방도 안 되는 추운 목욕탕에서 옷도 벗기고 먹을 것도 주지 않아 저체온증과 굶어서 죽었다는 말에 눈물만 쏟아진다.

원영이의 웃는 모습의 사진을 보며 오늘 전대사는 신원영 어린이를 위해서 봉헌해야 되겠다는 마음이 순간 들었다. 죄에 물들지 않은 어린 영혼을 위해서도 기도해 주어야 한다고 들었기에, 미사 시간 내내 불쌍하게 죽은 원영이 생각이 많이 나서 아픈 마음으로 기도하게 된다.

'원영아! 얼마나 무섭고 춥고 배가 고팠니? 아무리 계모라도 그럴 수는 없었다. 어떻게 그런 애비한테 태어나서 해맑게 웃던 모습이 싸늘한 주검으로 변했는지, 부디 예수님과 우리 라파엘 천사와 만나서 영원무궁토록 천상행복을 누리기를 기도하고 기도한다.' 기도 받기를 기다리던 영혼을 위해서는 다음 주일에 봉헌해 드릴 수밖에 없었다.

집에 도착하여 뉴스를 보니 원영이의 영결식이 눈물 속에 치러졌다는 소식이다. 아주 쓸쓸한 가운데….

'하느님! 어린 천사 원영이를 위해서 기도하게 해주시니 감사합니다. 하느님의 뜻 안에서 찬미영광 받으소서. 아멘!'

어린이를 대상으로 저질러지는 범죄가 왜 이렇게 많은지, 그것도 부모에 의해서 목숨을 잃는 어린이들을 볼 때면 아픈 마음을 주체할 수가 없다. 이런 경우 재판이 왜 필요한지 모르겠다. 변명할 기회를 주려고?

우리 믿는 이의 기도가 부족해서 생긴 일 같아 마음이 아플 뿐이다.

(2016. 3. 13. 주일)

8월 첫 주 일요일에 화성에 있는 요당리 성지에 가서 전대사를 봉헌하고, 그곳에서 가까운 추모관에 안치되어 계신 시부모님을 뵈러 갔다. 그런데 1층 로비 한쪽에 제사상처럼 보이는 곳이 있어서 다가가 보았다. 이렇게 제사상을 차려놓아도 괜찮은가 궁금했는데 과자 등이 많이 쌓여 있는 한쪽에 원영이 사진이 보인다. '어머나, 원영이었구나.' 평소에 알고 있었던 아이처럼 느껴져서 반가운 마음에 많은 쪽지 글들을 읽게 된다. '원영아, 벌써 더운 여름이 되었단다.~'로 시작되는 이모라고 적힌 글을 읽으면서 3월에 그 사건이 났을 때처럼 아픈 기억이 되살아난다.

원영이는 이미 천사가 되어 하늘나라에 있지만, 그 부모도 뼈아픈 눈물을 흘리고 난 후에는, 새사람으로 거듭나서 세상을 아름답게 가꿔가는 사람들이 되었으면 좋겠다. 그것만이 원영이의 아팠던 마음을 치유시켜 주는 일이 되겠기에, 기도할 뿐이다.

그 후에 추모관에 다시 갔을 때이다. 부모의 학대로 목욕탕에서 춥고 배고픈 채 하늘나라로 간 신원영도 찾아보았다. 아무도 찾은 이가 없었는지 처음에 꽂아 놓은 채로 다 시들은 꽃만 매달려 있었다. 너무 외로워 보여서인지 남편이 꽃 한 송이를 사다 달아준다. 비록 조화지만 빨간 꽃 한 송이가 원영이를 위로해 주는 것만 같다.

사건이 나던 당시에는 슬픈 마음으로 세상을 떠났지만, 지금은 하늘나라에서 예수님과 함께 얼마나 행복할지, 내가 다 기쁘다.

'원영아! 우리 라파엘도 만났니? 너를 위한 전대사를 바치면서 우리 라파엘하고도 만나서 즐겁게 지내라고 모니카 할머니가 당부했었지. 영원한 천상행복 끝없이 누리거라.'

커다란 철문이 활짝 열리며

친구가 늘 하느님을 모르고 돌아가신 부모님이 구원받지 못하셨으면 어떻게 하느냐고 안타까워했었다. 그 마음이 헤아려져서 내가 대신 기도해 드렸다. 신앙심 깊은 따님 덕에 그의 부모님은 천국에서 영원한 평화를 누리며 사시니 얼마나 복된 영혼이신지 두고두고 감사하다.

얼마 후에 남편도 돌아가셨는데 그때 나는 여행 중이어서 문상을 못 갔다. 평소에도 남편을 뵌 적이 없었다.

전대사 기간이 또 돌아와서 열심히 기도하고 다닐 때인데, 친구네 꿈을 꾸었다. 무슨 잔치 날인지 커다란 가마솥에 음식을 만드느라 동분서주하고 사람들도 많이 와서 거들고 있다. 음식 만드는 것과는 상관없이 난 저만치 아래쪽을 바라보고 있는데 건물은 안 보이고 교도소 문 같은 커다란 철문이 활짝 열리더니 많이 여윈 남자가 허리가 부러질 듯 지탱도 못 하는데 양쪽에서 부축해서 데리고 나온다. 간신히 몇 걸음 가다가 옆에 도랑 같은 곳에다 토악질을 하는데 엄청난 오물이 쏟아져 나온다. 두 번이나 왈칵왈칵 토하는 걸 보며 저렇게 마른 몸에서 어떻게 저 많은 오물이 쏟아져 나올 수가 있나 싶어서 보면서도 이해가 되질 않았다.

꿈을 깨고 나서 친구의 남편이 기도해 달라고 친구를 꿈에 만나게 하고 그런 광경을 보여준 것만 같았다. 친구에게는 오물 토해내는 꿈 얘기를 할 수가 없어서 하지 않았다. 그랬는데 자꾸 묻기에 할 수 없이 토하던 얘기를 했다. 꿈 얘기를 들은 친구가

"더러운 죄 다 토해내고 천국에 갔나 보다."고 좋아한다. 그런 깊은 뜻이 있는 것을 나는 처음에는 헤아리지를 못했다.

그날은 충청도가 아닌 남한산성 순교자 성지에 간 날이다. 멀다고 느끼며 꼬불꼬불한 산길을 돌고 돌아 찾아갔다. 갈 때야 물론 남편이 운전을 했지만 오는 길은 항상 내가 운전을 하게 된다. 식사 때면 반주를 하기 때문이다. 이제 먼 길은 힘이 든다.

성지에 갈 적마다 나도 여기서 살면 얼마나 좋을까 늘 생각했다. 매일 미사 드리며 전대사 기도를 할 수 있으니 많은 영혼들에게 선물처럼 기도해 드리고 싶다. 기도해 드릴 수 있는 날이 주일에만 가게 되는 50여 일이 아니라 일 년 내내 기도해 드릴 수 있으니 얼마나 좋을까? 그곳에 사는 교우들, 특히 성지 내에서 사는 수녀님이나 사무원을 부러워하기도 하였다. 전대사가 선포될 때마다 모든 성지에 계시는 분들만이라도 불쌍한 영혼들을 위해서 기도해 드린다면 그 복된 성인들께서는 우리나라의 안녕과 평화를 위해서 기도해 주실 것이라고 믿는다.

어느 주일에 여사울 성지에 갔을 때이다. 사무실에서 만난 직원 분한테 "여기서 매일 미사를 참례하시며 불쌍한 영혼들을 위해서 전대사 기도를 해드릴 수 있으니 얼마나 행복하세요?" 하며 부러워한 적이 있다. 곱게 웃으시며 "네." 하시는 자매의 신심이 배어나오는 듯하다.

'하느님, 먼 길을 다니며 기도해 드릴 수 있는 지금의 여건도 감사합니다. 영원무궁토록 찬미 받으소서.'

당신 꿈에 보여야 기도를 받으시니까

2008년, 바오로 탄생 2000년을 기해서 선포된 전대사 기간에, 6살 되던 해에 입학통지서를 받아 놓고 하늘나라로 간 어린 천사 박경원 라파엘의 치유를 위해서 연미사와 전대사 봉헌기도를 많이 하였었다. 2012년 10월에 신앙의 해를 맞이하여 또다시 전대사가 선포되었다. 그 해에 우연히 부여로 이사를 왔다. 이곳에 사는 것이 행복한 마음이 들 때마다 우리 부부는 라파엘이 이 한적한 곳으로 우리를 데려다 놓았다고 이야기를 한다.

이사 온 지 두 달 만에 10월 20일 공주 황새바위 순교자 성지에서 거행되는 신앙의 해 순교자 현양미사에 참석하게 되었다. 현양미사 가기 며칠 전에 꿈을 꾸었는데 몇 년 전에 돌아가신 사촌올케 두 분이 나란히 보였다. 성지에 가려는 걸 알고 전대사 기도를 해달라는 것으로 이해가 되었다. 2008년 전대사 기간 동안 돌아가신 분들을 위해서 봉헌한 경험이 있었기에 금방 이해가 되었다. 하루에 한 분께만 전대사 봉헌을 할 수 있어서 한 분만 먼저 기도해 드렸다. 다른 올케는 다음 주일에 기도해 드리기로 하였다.

그런데 동생한테 전화가 왔다. 친정동네에 가면 반갑게 맞아주시는 사돈 할머니가 돌아가셨다는 전갈이다. 남편이 평생 축첩생활을 하였기 때문에 힘든 삶이었다. 거기다가 자녀들과도 무슨 오해가 있었는지 서로 왕래 없이 살았다고 한다. 그분의 삶이 힘든 삶이셨기에 돌아가시면 꼭 알려달라고 부탁을 하였었다. 임종하신지 며칠 만에 전대사 기도를 해드리니 얼마나 기쁜지, '하느님, 감사합니다.' 하는 찬미의 노래가 저절로 나왔다.

사촌언니 두 분, 아가다 언니와 임순 언니가 또 꿈에 보였다. 전대사 봉헌하라고 가족에게 전화까지 했었는데 꿈에 보이니 기도를 안 할 수가 없어서 주일마다 전대사 성지를 갔다. 수녀동생에게 전화를 해서 꿈에 언니들 만난 이야기를 했더니 "언니들 모습이 어떻던가요?" 하고 묻는다. "평상시와 같았어. 걱정 말아요. 전대사 기도가 받고 싶으신가 봐."

어느 날인가 본당에서 늘 뵙기는 했지만 식사 한번 같이 한 적이 없는 연령회일로 늘 바쁘셨던 분을 꿈에 뵈었다. 그분은 연도를 하실 때에 그 긴 기도문을 책도 안 보고 하시는데 그 기도 소리가 돌아가신 분이 금방 하늘나라에 갈 수 있을 것처럼 구성지고 절절하였다. 식사시간에 남편한테 송 회장님은 개인적으로 잘 알지도 못하는데 꿈에 다 보이는지 모르겠다고 하였더니 "당신 꿈에 보여야 전대사 기도를 받으니까 보이겠지 부지런히 성지에 다니며 기도해 드려요." 한다.

그래서 우린 주일마다 전대사로 지정된 성지로 미사참례를 하러 다닌다. 봉헌해 드릴 분이 하도 많아서 남편도 아는 분은 남편한테 기도 부탁을 하게 된다.

오래전에 돌아가신 본당 신부님 꿈을 꾸었다. 이렇게 오래되었어도 기도가 필요하신가? 지금까지도 연옥에 계셨다는 말인지 회의가 다 든다.

'천년도 당신 눈에는 지나간 어제 같고 마치 한 토막 밤과도 비슷하나이다.'

이런 시편의 말씀처럼 하느님께는 천 년도 하루 같아서일까? 고개를 갸우뚱거리는 나를 보고 남편이 한마디 한다.

"무언가 풀지 못하고 가신 게 있으신가 보지? 뭘 걱정해요? 기도해 드리면 되지."

사촌수녀의 이모되시는, 나도 잘 아는 분을 꿈에 만났다. 몇 년 전에 돌아가셨다는 말을 들었었다. 우리 작은댁은 아주 열심인 집안인데 그 이모님은 동생네를 자주 오고 가셨는데도 늘 외인이셨다. 이모님은 외인이신데 왜 꿈에 보일까?(그때만 해도 외인을 위해서는 기도해 드릴 수가 없다고 알고 있을 때였다.) 그냥 넘길 일이 아니어서 사촌과 통화를 하였다. 혹시 이모님이 성당에 다니다 돌아가셨는지 물으니 돌아가실 무렵에 대세가 아닌 세례를 받으셨다며 마라아라고 한다. 웃음이 다 난다. 기도를 얼마나 받고 싶으시기에 사돈인 내게 응원을 청하셨는지 지체하지 않고 기도해 드렸다. 실은 기도를 꼭 해드려야 될 분이었다. 내가 어려서 봄만 되면 풀독으로 생긴 피부병 때문에 아버지 따라 병원을 다닐 때인데 어느 해인지 수원 도립병원에도 갔다. 그때 그 이모님 댁에서 하루를 자며 병원에 치료를 받으러 갔던 일이 있었다. 이제라도 이모님의 영혼을 위해서 기도할 수 있으니 얼마나 감사한 일인지 하느님께 감사드렸다.

2

김일성 할아버지 …

- 이 팔찌의 주인은 누구였을까
- 이사 온 집으로 찾아오다니
- 천국에서 아빠를 기다리다가
- 망년지우(忘年之友)의 아버지 꿈
- 김일성 할아버지 손자 좀 타일러 주세요
- 무슨 상을 타러간다며
- 순교자의 후손
- 늘 불만이던 연도가
- 누구일까

이 팔찌의 주인은 누구였을까

6월 13일 텃밭에 풀을 뽑다가 흙속에 무언가 반짝 거리는 게 있어서 꺼내니 보석이 40여 개나 박힌 팔찌다. 그곳에 풀을 세 해 여름동안 백 번도 더 뽑았던 곳인데 지금에서야 보이다니? 와우! 이것이 다이아몬드가 아닐까? 좋아하기도….

14k줄에 박힌 큐빅이란 인조석이란다. 이 팔찌의 주인은 누구였을까? 이 집을 짓고 음식점을 했다는 분이였을까? 아니면 이 집에서 7년여를 살다가 돌아가셨다는 아주머니였을까? 궁금하였다.

그 후에 꿈을 꾸었다. 어느 모르는 아주머니의 꿈이었는데 보험을 들러 가야 한다며 어디론가 간다. 그런데 얼굴을 가려서 볼 수가 없다. 벌 키우는 사람들이 쓰는 것 같은 가리개이다. 꿈을 깨고 나서 무슨 꿈일까 곰곰 생각해 보았다. 아무래도 이 집에서 살다 병원에 실려 간 채 못 오고 돌아가셨다는 아주머니 꿈같았다. 나는 얼굴을 본 적도 없지만 그분이 기도를 받고 싶어서 그런 모습으로 보인 것만 같다. 지금까지 전대사 기간만 되면 꾸었던 꿈들로 보아 분명 기도해 달라는 것으로 받아들였다.

집을 사기 전에 집을 보러 와서 둘러보는데 할아버지가 쓰시던 방에는 탁자 위에 성경책이 펼쳐져 있어서 '교회에 다니셨던 분들이구나.' 하는 생각에 친밀감마저 들었었다. 할머니가 돌아가시고 4개월 만에 할아버지도 돌아가셨다고 한다.

기도해 드리는 것으로 결론을 내리고 옆집에 가서 아주머니에 대해서 이것저것 들으며 이름을 물으니 권사님이었다며 알려준다. 모든 걸 하느님의 자비에 맡기며 두 분을 위해서 기도했다. 특별히 연미사까지 봉헌했다. 기도 받고 싶어서 팔찌까지 찾게 해주신 것 같아서… 다른 불쌍한 영혼에게 그 기도가 전달되기를 간절히 바라며 기도해 드렸다.

'하느님, 이렇게 기도하게 해 주시니 감사합니다. 영원무궁토록 찬미 영광 받으소서. 아멘.' (이금희 정복기 6. 29. 성바오로 베드로 축일에)

영이 맑은 분이 꿈을 통해 여러 가지 메시지를 받는다는 얘기를 들은 적이 있습니다. 선생님이 그런 분이시네요. 죽은 이를 위하여 온 마음으로 기도하시는 모습이 감동적입니다. 한 세상 살다 돌아가는 길이 험하고 멀고 슬픔으로 가득 차 있어 죽은 다음에도 안식을 얻지 못하는 분들을 위해 꼭 선생님 같은 분이 계셔야겠군요. 자신의 일, 현재로도 마음이 복잡하기 그지없는 저 같은 사람으로선 감히 흉내조차 낼 수 없는 경지예요. 선생님의 글을 읽는 것만으로 위로가 되는 까닭이 여기에 있었군요.

오늘 남편의 생일이었어요. 한 달 넘게 병원에 다니며 의기소침해 있는 사람을 위로하기 위해 며칠 전에는 시흥의 관곡지로 연꽃을 보러 갔어요. 궁남지만은 못해도 어여쁜 꽃과 잎사귀, 그 향기를 만날 수 있었습니다. 오늘은 남편 친구 어머님 문상에 함께 갔어요. 다 저녁에 출발해서 강화 병원까지 갔다가 밤길을 되짚어 왔습니다. 미워하는 마음이 많아 평소엔 얼굴을 마주 하지 않고 말도 잘 섞지 않았는데 수심이 가득한 걸 보니 측은합니다. 차 안에서 많은 얘기를 나눴어요. 얼마 만에 해보는 대화다운 대화인지 모르겠더군요. 좋아하는 음식을 차려주고 웃는 얼굴을 보여주니

목석같던 사람이 조금 변한 듯합니다. 시골에 가서 살고 싶다는 말에 모르쇠로 일관하던 태도를 누그러뜨리며 “그렇게 시골에 가고 싶어?” 하더군요. 자리에 누워도 통 잠이 오지 않아 일어나 앉았습니다. 남편의 코고는 소리를 들으며 저는 오랫동안 이러고 있을 것 같아요.

병원에서는 염증지수가 높아 항생제를 써보자고 했어요. 두 주 동안 치료해보고 검사 결과가 좋지 않으면 조직검사 해보자고 합니다. 별일 없겠지 하다가도 문득 불안해집니다. 아무 일 없는 일상이 얼마나 행복한 것이었는지 새삼 깨닫게 됩니다. 선생님의 격려와 사랑이 큰 힘이에요. 늘 감사합니다. 안녕히….

댓글이 수필입니다. 수명이 길어져서 요즘은 90세까지도 이 세상에 남아 있기도 합니다. 같이 사는 사람이 상처를 주고 보기 싫다는 생각이 들 때가 많지요. 오죽하면 이혼이란 극단 상황까지 가겠어요. M. E 교육 받을 때(70년대) '부부는 작은 교회다.'라는 말을 들으며 그때 부부에 대해서 나름대로 정립을 하고 살았어요. 마음 상한 일이 있다가도 또 평화가 찾아오고, 글놀이님! 우리, 가정을 다독거리며 잘 살다 가십시다. 그러면 마음도 육신도 건강해집니다. 하느님은 우리가 행복하게 기쁘게 살라고 하셨잖아요. 의견이 안 맞아서 다툼이 있을 때 주일미사가 빠지고 싶을 때도 있었어요. 옛날 얘기지만, 그래도 마음을 추스르고 미사에 갑니다. 자리에 앉는 순간 마음에 평화가 찾아옵니다. 당연히 집에 와서는 평상심으로 살지요. 하느님이 도와주셔서 그렇게 느끼며 삽니다. 행복한 마음으로 건강하게 사시길 기도하며. -(모니카 2014. 7. 5)

전대사의 은총을 아주 알차고 제대로 봉헌하고 계신 모니카님~! 꿈속에서…. 다양한 방법으로 자신들의 연옥의 고통을 끝내게 해줄 전대사의 은총을 청하는 영혼들의 무언의 이야기를 알아들을 수 있는 영적 지혜를 아버지께 선물 받으신 모니카님.

이번 전대사에서도 많은 영혼들을 연옥의 고통에서 벗어나게 해주셨군요. 잠벌의 사함을 받고 천국으로 올라가신 영혼님들 축하드립니다.

모니카님 앞으로 남은 10월까지 많은 영혼들을 위해 전대사의 은총을 봉헌하러 열심히 성지로 거룩한 발걸음 옮기시겠네요.

거룩한 사업 번창하시길 기도드립니다.

영혼들의 참 아버지이신 하느님은 찬미와 영광받으소서!

-(비티아 2014. 7. 4)

제가 하고 싶은 얘기 비티아님이 그대로 해주셨습니다. 복된 달란트 가지셨어요. -(강 베로니카 2014. 7. 4)

보고 싶다 강 베로니카 자매님 감사합니다.

본당 신부님이 전대사 기도를 아직도 부정적으로 말씀하시나요? 신경 쓰지 말라고…. 마음 아픕니다. 누군가가 이름 불러드리며 기도해 드리면 된다는데 어떻게 그런 말씀을 하실까요?

주위에 돌아가신 분들을 위해서 기도하시면 되지요. 배티 신부님이 잠벌에 대해서 자세히 설명해 주셨잖아요.

일 년 동안 울고 다니며 어린 천사 라파엘을 위해서 기도하고 다닐 때 받은 은총 같다. "이런 은총을 주시니 하느님! 감사합니다." 하는 말이 나온다. 버스를 타거나 걸어 다니며 기도하라면 못할 텐데 '자동차를 타고 다닐 수 있게 해주시니 더욱 감사드립니다. 하느님!' 이러면서 다니게 된다.

이사 온 집으로 찾아오다니

몇 년 전에 우리 집에서 마주 보이는 곳에 집을 아담하게 짓고 이사를 온 노부부가 계시다. 매일 마주 보며 지내다 보니 이런저런 이야기들을 하게 된다. 나이까지 같아서 자연스레 친구가 되었다.

하루는 작은아들이 몇 년 전에 세상을 떠났다는 이야기를 하며 눈물을 보인다. 40대였다고 해서 내 마음도 무너진다. 밤에 안 들어와서 걱정을 하였는데 아침에 보니 자동차 안에서 이미 숨져 있었다고 했다. 온 세상을 잃은 것 같고 아무 의미가 없는 삶 같아서 그날부터 얼굴에 로션도 안 바른다고 하였다.

하루는 아들이 보고 싶어서 통곡하며 울었다고 하는데 나 역시 라파엘 보낼 때의 심정이 생각나서 내 마음마저 시리다. 성모 어머니, 가슴에 묻은 아들을 잊지 못하고 눈물짓는 어머니의 심정을 헤아리셔서 깊은 평화로 위로해 주소서.

전대사 기간이 되었다. 젊은 나이에 어린 아들과 아내, 또 어머니한테는 딸처럼 곰살궂게 굴던 앞집 친구아들이 생각나서 잊지 말고 기도해 주어야지 다짐하고 아들 이름을 물었다. "하느님을 모르시니 이해가 안 되겠지만 아들을 위해서 기도해 주려고요."

며칠 후에 꿈 이야기를 한다. 꿈에서라도 보고 싶었지만 생전 안 보이던 아들이 이사 온 집을 어떻게 알고 찾아왔는지 신기해 한다. 현관문을 여니 "어머니! 저 왔어요." 하며 생전처럼 인사를 하더라며 반가운 듯, 그러나 들어오지도 않았다며 아쉬워한다.

나만이 그 상황이 이해가 되어 하느님께 감사하였다. 아들이 꼭 이런 마음으로 찾아온 듯하였다.

'어머니, 어떻게 이 초촌면, 그것도 모니카 아주머니네 앞집으로 이사 오셔서 저를 위해 기도하게 해주시니 감사합니다. 저는 이제 하늘나라 갑니다. 어머니도 이제는 슬픔을 거두시고 평화를 누리세요.'

친구 말대로 구천을 떠돌던 아들이 하늘나라에서 평화를 누리고 있음이 분명하다. 어머니의 마음도 아들을 보낸 슬픔에서 벗어나길 기도하게 된다.

아들의 이름을 묻는 과정에서 더 감사한 일이 생겼다. 기도하러 가기 전에 "아들 이름이 뭐였지요?" 하며 다시 물으니 처음에 알려주었던 이름이 아니다. 이런 이름이었는데, 하니까 그 이름은 우리 시어머니라고 한다. 시어머니 이름을 묻는 줄 알았다고 한다. 실은 귀가 잘 안 들려서 엉뚱한 대답이 오고갈 때가 있다. 그런 연유로 할머니까지 기도를 해 드렸다. 기도를 받고 싶으셨을까? 이름을 알게 해주신 것이 그런 것만 같다.

이렇게 이번 전대사 기간에도 많은 영혼들을 위해서 성지미사를 다니느라고 본당 미사에 참석을 못하였다. 거의 1년 만에 본당미사에 참석하였다. 그동안에 먼저 계시던 박남규 신부님은 다른 본당으로 가시고 새로 오신 신부님 지경준 시몬 신부님이 부임해서 미사를 집전하신다. 가신 신부님 때문에는 마음이 섭섭해져 오고 오신 신부님께는 새로운 정이 느껴진다. 본당에서 나를 아는 교우 분들도 반가워하시며 하도 안 보이셔서 이사 가신 줄 알았다고 하여서 내가 너무 소원했구나 싶기도 하였다.

"네 그동안 연옥 영혼들을 위해서 성지에 다녔습니다."

전대사가 선포될 때마다 성지에 다니며 남편과 같이 기도해 드린 영혼들이 몇 백 명인지도 모른다. 순교자 성지가 많은 충청도로 이사를 했기 때문에 더 자유롭게 가까운 곳으로 다닐 수가 있었다. 한 분 한 분 다 사연이 있지만 지면 때문에 다 적지를 못할 뿐이다. 아마도 천국에서 동동거리는 우리들을 위해서 기도해 주시리라 믿는다. 모든 성인의 통공을 믿으며, 특히 우리나라의 평화를 위해서 기도해 주시리라는 확신이 든다. 다른 사연들은 내 블로그 「모니카 방을 찾아주셔서~」에 있다.

'하느님 아버지! 감사합니다.

영원무궁토록 찬미 영광 받으소서. 아멘!'

천국에서 아빠를 기다리다가

어린 조카 요한이가 떠난 지가 50여 년이 지났다. 하늘나라로 떠나고 난 후 10여 년은 자주 꿈에 만나곤 하였다. 산소에 묻은 지 얼마가 되지 않았을 때에는 너무 보고 싶어 나도 빨리 죽으면 좋겠다는 생각이 들었다. 하늘나라에나 가야 만날 수 있다는 생각이 들었으니까.

꿈을 꾼 날이면 언제나 좋은 일이 생겼다. 잠자기 전에라도 좋은 일이 있었다. 열 살 때까지 저를 돌보아 준 것에 대한 보답일까? 하는 마음이 들 정도로 자주 꿈을 꾸었고 그때마다 좋은 일이 있곤 하였다. 아이들 키우며 바빠서일까? 그 후 40여 년은 한 번도 꿈을 꾼 적이 없었다. 하늘나라에서 고모를 위해서 기도해 주고 있었을 것이다.

오빠가 작년 9월에 돌아가셨다. 93세에 돌아가실 때까지 먼저 간 아들 요한이를 늘 가슴에 묻고 계셨다. 오빠 영정 앞에 엎드려서 첫 마디가 "오빠! 요한이를 만나셨나요?" 했을 정도로 오빠도 나도 요한 이를 가슴에 묻었었다.

돌아가셨을 때는 전대사 기간이 아니었기 때문에 안타까웠다. 언제나 전대사 기간이 되어서 오빠 영혼을 위해서 기도를 해드릴지 까마득하기만 하였다. 아무리 신앙 안에 살다가 죽었어도 순교로 목숨을 바친 영혼이 아니고서는 바로 하늘나라에 갈 수는 없을 거라는 생각이 늘 들었다. 평소에 고백성사로 잘못을 사함 받았다고 하지만 잠벌이 남아 있고 그만큼 연옥에서 정화되고 후손들의 기도가 보태져야 천국에 들 수 있으리라는 믿음으로 전대사 기도를 하고 있다. 그래도 복이 많으신지 돌아가신 지 2개월 후에 프란체스코 교황님께서 한국 교회에 전대사를 선포해 주셨다. 평신도의 날 100주년이 되는 해를 기념해서 전대사 기간으로 정해주셨기 때문이다.

더 급한 영혼들에게 기도해 드리러 다니느라 오빠가 조금 뒤로 밀렸다. 실은 조카딸이 작년 11월 연령의 달에 아버지 전대사를 해드릴 거라고 해서 마음이 급하지가 않았었다.

그런데 요한이가 꿈에 보였다. 이미 오래전에 돌아가신 어머니도 오빠와 같이 계신 꿈을 꾸었다. 이튿날에도 오빠와 요한이 꿈을 또 꾸었다. 아빠 기도를 해달라고 느긋한 고모를 재촉하는 것 같았다. 하늘나라에서 아버지를 만나고 싶은데 무엇인지 걸림돌이 있어서 만날 수가 없나 보다는 생각이 들었다.

조카딸에게 전화를 해서 아버지 기도해 드렸는지 물으니 회사일이 바빠서 가지 못했다고 한다. 우리 오빠는 을지무공훈장을 탄 국가 유공자이다. 서울 현충원이 멀어서 더 못 갔을 것 같다. 오빠는 6.25전쟁터에서 폭격으로 발을 다쳐서 걷지를 못하였고 다른 병사는 눈을 다쳤는데 깜깜한 곳에서 길을 잃고 헤매고 있었다고 한다. 눈을 다친 병사가 오빠를 업고 오빠가 알려 주는 대로 길을 찾아서 엎어져 가며 고비를 넘고 넘으며 돌아왔다고 하였다.

요한이가 두 번이나 꿈에 보인 이유를 알 것 같아서 더 지체하지 않고 집에서 15킬로만 가면 되는 가까운 나바위 성지에 가서 전대사 기도를 바쳐드렸다. 2년 전 기도하러 다닐 때만 해도 거리에 상관하지 않고 다녔는데 올해는 먼 곳은 부담이 된다.

어릴 때 떠난 요한이가 아버지를 만나서 얼마나 기뻐했을지 눈에 보이는 듯하며 나까지 행복한 마음으로 충만해진다.

'하느님, 언제나 꿈을 꾸어서 영혼들을 위해서 기도하게 해주시니 감사하고 감사합니다.' 박경원 라파엘의 치유를 위해서 기도할 때에 전대사기도를 알게 해주셔서 시작된, 영혼들을 위한 전대사기도, 오직 사명으로 알고 지정성지에 다닙니다.

하느님이 제일 좋아하시는 것은 영혼들을 구원하는 일이라고 한다.

망년지우(忘年之友)의 아버지 꿈

망년지우(忘年之友)의 아버지 꿈을 꾸었다. 중절모를 쓰시고 평소처럼 단정하신 모습이다. 전혀 꿈을 꿀 분이 아닌 분 꿈을 꾸어도 이상하지도 않고 고개를 갸우뚱거릴 필요도 없다. 곧바로 기도해 드리면 되는 걸 알고 있다. 그런데 성함을 모르겠어서 친구에게 문자를 넣었다. 아버지 성함을 알려달라고, 늘 문자 확인도 못할 정도로 바쁜 사람이라 채근하기도 어렵다. 그리고 무슨 일로 오래전에 돌아가신 아버지 성함을 다 묻는지 엉뚱하다고 느낄 것 같아서 10여 년 전에 문상 갔던 기억을 떠올리며 성함을 생각해 보려고 애를 썼다. 어렴풋이 생각이 난다. 이 성함이 맞을까 싶어….

"혹시 아버님이 이런 함자를 쓰셨어요? 내 기억이 맞는지…"

"네 맞아요. 더운데 잘 지내시죠?"

"내가 아버님 함자를 생각해 낸 것이 너무 신기해요. 장례 때에 본 기억으로…"

그랬더니 난 한 번도 아버지 꿈을 안 꾸었는데 어떻게 모니카님 꿈에 다 나타나셨느냐고 아주 신기해하였다.

"나도 모릅니다. 좋은 모습이었지만 그냥 꿈에 보이셔서 기도해 드리려고요…."

"네에…. 감사합니다."

꿈에서 한의원 상호를 바꾸면 어떨까도 말씀하시며 내 지분도 있다고 하셔서 웃음이 다 나왔다. 나한테도 지분이 있다니 그게 무슨 뜻일까? 곰곰 생각하게 된다. 천국에 있는 외손자 라파엘 생각이 나서 한의원 이름을 라파즈 한의원이라고 바꿀까 하는 생각도 들었지만 남편하고는 말이 안 통할 것 같아서 혼자만의 생각으로 접었다. 그래도 나한테도 몇 프로의 지분이 있다는 말씀에는 궁금증이 남았었는데 아가다와 이야기 중에 이 집이 대모님 이름으로 있으니까 그런 뜻으로 말씀 하셨나 봐요. 한다. 아, 그런가 보네. 내 지분이 뭘까 궁금했는데 이제 이해가 되네. 생시처럼 대화를 하였기 때문에 쉽게 잊어버리지가 않는다.

이 친구는 전대사 기도가 무엇인지 모르는 교회 신자이다. 아버님이 평소에 길에서 불쌍한 사람을 보면 겉옷도 벗어주고, 수중에 돈이 없으면 만년필이라도 주고 오신다고 하였었다. 아마도 이 분도 불쌍한 영혼을 위해서 기도해 달라고 꿈에 보이신 것만 같다. 아버님! 감사합니다. 전대사 봉헌해 드릴 테니 외롭고 불쌍한 영혼을 위해서 기도해 주세요.

새벽녘에 호랑이 오빠 꿈을 꾸었다. 오빠 기일이 다가왔나? 추울 때 돌아가셨으니 이맘 때 쯤 인가보다는 생각이 들었다. 가족 카톡방 큰질부에게 "오빠 기일이 언제야?" 하고 물었다. 답글에 "요셉 오빠인지요? 바오로 오빠인지요? 바오로 오빠는 어제였고, 요셉 오빠는 1월 18일입니다."

'요셉 오빠는 호랑이 오빠인데 바오로 오빠는 누구지?' 순간 번개처럼 떠오르는 장면이 있다. 내가 4, 5세 때인지 작은댁 마당에 상여가 놓이고 사람들이 많이 모여 있었다. 키가 작아서 사람들이 상여를 에워싸고 있는 안쪽이 안 보여서 상여 옆을 빙빙 돌던 생각이 났다. 그때 돌아가신 오빠가 바오로 오빠였다는 생각이 들었다. 그러고 보니 사촌오빠가 또 한 분이 계셨었다.

언젠가 어머니가 청년시절에 돌아가신 그 오빠 이야기를 하셨던 기억이 난다. 작은댁에도 봉석이만 살았으면 좋았을 텐데 젊은 나이에 가서 늘 안타깝다고 하셨다. 호랑이오빠도 하느님 보시기에 잘 살고 계셨는데, 바오로 오빠는 어른들 보시기에 더 잘 살다 가셨나보다는 생각이 든다. 그동안 전대사 기간에는 생각조차 안 났다. 내가 너무 어릴 때여서 까마득히 잊었나 보다. 이미 하늘나라에 계신 분이어서 생각이 안 났을까? 어찌되었든 호랑이오빠 꿈을 꾸어서, 봉석오빠 기도를 해드리니 감사할 따름이다.

작은댁 큰질부는 지금까지도 뵌 적도 없는 그 오빠 기일에도 기도를 해드리는구나 싶은 게 내가 다 감사하다. (나바위 성당 12. 10)

외갓집 식구들을 위해서 기도를 해드리다가 친할머니 친할아버지 생각이 났다. 외갓집 가족은 외할머니 외할아버지도 눈에 선하고 외삼촌 외숙모들도 다 기억이 난다. 그런데 할머니, 할아버지는 내가 태어나기도 전에 돌아가셨기 때문에 전혀 생각도 못했다. 뵌 적이 없으니 기억을 할 리도 없다. 그런데 불현듯 생각이 났다.

이따금 어머니한테 "할머니 할아버지는 어떤 분들이셨어요?" 여쭤본 적은 있었다. "키는 크셨어요? 아버지들이 작으신 걸 보면 할머니는 키가 작으셨나 봐요?" 하며 궁금히 여겼다.

세간을 나지 않고 네 동서가 한 집에 살았을 때인데 부엌에서 식사들을 하셨다고 했다. 식량은 물론 고추장 된장도 부족할 때였는데 고추장이 먹고 싶어서 큰어머니는 할머니가 나오실까 망을 보고, 막내 숙모님은 살금살금 고추장을 뜨러 간다. 장독 뚜껑을 열다가 달그락 소리를 내면.

"이년들, 또 장 뜨러 갔느냐?" 하며 역정을 내셨다고 한다. 고추장, 된장도 마음껏 못 먹고 사셨다는 엄마들이 갑자기 불쌍해진다. 할머니가 무서운 분이셨는지 여쭤보았다. 워낙 젊은 며느리 넷이 황소처럼 먹을 때니 그럴 만도 하셨다며 무서운 분은 아니라며 웃으신다.

그런데 이상한 일이다. 많은 분들을 위해서 기도하러 다니며, 기쁘기도 슬프기도 했지만, 우리 할머니 할아버지 기도해 드리러 갈 때는 얼마나 기쁜지 곧 만나러 갈 것처럼 마음이 날아갈 것 같았다. 태어나는 것도 못 본 손녀딸이 당신들을 위해서 기도하러 가는 것을 보며 얼마나 대견하게 생각이 되셨을지 그 마음을 헤아리게 되어서 기뻤나 보다. 종일 웃음이 나왔다.

'할머니! 제가 천국에 가면 저를 찾아와 주셔야 됩니다. 불현듯 할머니는 어떤 분이셨을까 보고 싶었어요.'

까마득한 옛날을 회상하고 있지만, '천 년도 당신 눈에는 지나간 어제 같다.'는 말씀이 생각날 뿐이다.

(친할머니 나바위 성당 10. 30, 친할아버지 신리성지 11. 6)

김일성 할아버지
손자 좀 타일러 주세요

작년 11월에 전대사가 끝났다. 그 때 내가 운전할 수 있을 때에 전대사 기간이 또 돌아오면 좋겠다고 염원했었는데 정말 전대사 기간이 다시 돌아왔다. 감사하는 마음으로 기도하러 다니고 있다.

이따금 보는 TV에서 쏟아내는 뉴스들이 마음을 혼란스럽게 한다. 매일 3월 전쟁설이 나온다. 김정은이 7차 핵실험을 하면서 위기설이 고조되고 있다. 유엔에서 제재하고 있는데도 계속 미사일을 만들어서 발사하니 우리 국민들은 걱정이 이만 저만이 아니다. 우리들이야 살 만큼 살았으니 걱정이 없지만, 살아갈 날이 구만리 같은 젊은이들이 그 엄청난 일을 어떻게 견뎌낼지 상상하기조차 어렵다.

전대사 기도를 하러 다니면서 어느 날 갑자기 김일성 할아버지의 영혼을 위해서도 기도해야 되겠다는 생각이 들었다. 그분의 영혼을 위해서 하느님께 기도하면 그 복된 영혼께서도 이 세상, 특히 남북한을 위해서 하느님께 전구해 주실 것만 같았다. 그래서 12월 13일 나바위 성당에 가서 전대사 기도를 바쳐드렸다.

1994년 7월8일, 김일성 수령이 사망하던 날, 이천의 어느 골프장에서 운동을 끝내고 들어오니 프런트에 있는 대형 TV에서 김일성 사망이라는 속보가 계속되고 있다. 모두들 놀라서 땀범벅인 채로 화면에만 집중한다. 그 무렵에 남북 간에 평화통일무드가 한껏 고조되어 있었다. 국민들이 느끼기에 곧 통일이 되지 않을까 기대를 하고 있던 중에 김일성 사망이라니, 통일은 물 건너갔다는 생각에 모두가 안타깝게 받아들이고 있다. 오죽하면 동반자 중에 '문상'이라도 가야 되는 게 아닐까라는 말이 자연스럽게 나올 정도로 마음의 장벽이 무너지고 있던 때였다. 일설로는 김정일이 남북한이 통일이 될 지도 모른다는 우려에 심장마비를 가장해서 아버지를 돌아가시게 했다는 설이 있었다. 이런 설이 퍼지기 전에 난 TV에서 사망 소식을 듣는 순간, 왜 그랬는지 그런 느낌을 강하게 받았다. 그래서 속으로 천벌을 받지, 하며 사실로 받아들이고 있었다. 폐쇄된 독재국가에서 일어난 일이니 진상을 알 리가 없다. 김일성 수령만이 알고 돌아가셨을 것이다.

그 해에 북한에는 강력한 태풍으로 산사태가 일어나 인명피해는 물론 지형이 바뀔 정도로 산야가 다 쓸려 내려가는 참변을 당했다. 그런 일들로 땅이 없어지니 엄청난 기근으로 많은 사람들이 굶어 죽었다. 그 전부터 경제가 어려워졌다고는 하지만 내 좁은 소견으로는 지금까지도 그 여파로 천벌을 받고 있다는 생각이 들었다. 통치자를 잘못 만난 죄로 선량한 인민들만 기근에 허덕이며 살고 있다.

23년 전에 심장마비로 돌아가시지만 않았어도 우리나라는 이미 통일이 되어서, 평화롭게 살고 있었을 것이다. 3대째 독재정치를 하는 김정은이 오직 핵무기를 만드는 일에 혈안이 되어 인민들은 굶기면서, 서울을 불바다로 만든다는 엄포에 이어 이제는, 미국까지 불바다로 만든다는 말을 연일 쏟아내는 상황까지는 안 되었을 것이다. 과연 핵전쟁을 막을

자는 누구인가? 미사일이 아니고 로켓이라며 죽기 살기로 북한 편만 들던 사람들은 어떤 말들을 할 것인지 그것 또한 궁금하다. 이 세상 평화를 깨뜨리는 게 목적인지 매일같이 미사일로 엄포를 하며 쏘아댄다.

'김일성 할아버지! 이제 하느님의 자비로 하늘나라에 계실 테니 꿈에서라도 손자의 마음 좀 잘 다독이셔서 더 이상 핵을 만들지 말고 그 엄청난 돈은 인민들 먹여 살리는데 사용하게 해주세요. 할아버지의 충고는 잘 따르리라 믿어집니다.

이 세상에서 독재정치를 하실 때는 판단이 안 되셨겠지만 이제 하늘나라에 계실 테니 이 세상 돌아가는 일들이 훤하게 올바른 판단이 되시겠지요. 핵무기가 얼마나 쓸모없는 것인지, 무기를 사용하는 순간 모두가 흙으로 돌아간다는 것을 왜 모르는지, 손자의 마음을 사랑의 마음으로 돌려주세요. 모든 성인의 통공을 믿으며, 하느님의 자비에 맡기며 기도합니다.' (2018. 2)

무슨 상을 타러간다며

그동안 추운 밤길에 9일 기도를 바치러 부지런히 참석해 주신 자매님들 정말 고맙습니다. 어제는 14명이나 모여서 기도하였습니다. 성모님, 저희의 작고 부족한 기도지만, 모여서 함께 드린 기도를 어여삐 보시고 하느님께 전구하여 주세요. 저희가 말로써는 일일이 다 고백하지 못하였지만 저희의 처지를 다 헤아리고 계시니 어머니께서 살피소서. 의탁하며 기도할 뿐입니다. 어머니, 은인들을 위해서도 기도합니다.

그동안 밤 외출은 거의 안했는데 경원이네를 다니다 보니 감기가 들어서, 감기가 든 채로는 경원이한테 못 가겠기에, 될수록 낮에도 밖에 나가는 걸 자제하며 조심을 했다. 다행이도 감기가 나아서 9일 기도 끝날 때까지 잘 다녔다.

9일 기도 하는 동안은 절두산 미사도 못가고 있었는데, 어젯밤에 집에 오면서 내일은 절두산 미사에 가야지. 생각하며 내일 전대사 은사는 어느 분에게 드릴까? 잠시 생각하고 잠이 들었다. 5시가 넘어서야 잠이 깼는데 꿈을 꾸다가 깨었다. 학교 교실인 것 같았는데 세 분이서 무슨 상을 타러 간다며 환한 모습으로 마주 오신다. "자매님, 너무 잘 됐어요.

정말 축하드려요." 하며 인사까지 하였다. 꿈을 깨고 나니 세 분 중에 한 자매님만 또렷하게 생각이 났는데 박요셉피나 자매님이었다.

어쩜 그 자매님 꿈을 다 꾸었나 싶어 혹시 절두산 미사에 가면 당신을 위해서 전대사 은사 봉헌해 달라고 하시는 걸까? 혼자 생각을 정리하며 일어났다. 그러다가 아닌데? 지난번에 생각이 나서 봉헌한 것 같은데, 그래서 얼른 봉헌자 명단을 찾아보니 아무리 살펴도 이름이 보이질 않는다. 아 그렇구나. 그때 마음으로 생각만 했지. 더 필요하실 것 같은 분들을 먼저 하느라고 뒤로 밀렸나 보다. 오늘은 꼭 봉헌해 드려야지 다짐을 하게 된다.

'자매님! 걱정하지 마세요. 오늘은 꼭 봉헌합니다. 오늘 무슨 상을 타러 가신다고 그렇게 예쁜 한복을 입고 가시는지요. 하느님 나라에서 저희를 위해서 전구해 주세요. 특히 경원이를 위해서 기도 많이 해주세요.'

'하느님, 이런 저런 마음으로 기도하게 해주시니 감사합니다. 찬미영광 받으소서.'

순교자의 후손

어릴 적에 진천에서 옹기를 팔러오시던 아주머니 생각이 불현듯 났다. 이제는 이럴 경우 금방 알아듣는다. 기도해 달라는 메시지로, 그 아주머니가 오시면 어머니도 숙모님도 정성껏 식사대접을 하셨다. 어린 마음에도 늘 이상했다. 참빗, 실, 동백기름 등을 팔러오는 방물장수들에겐 물건이나 사주셨을 뿐이다. 어린 나이에도 궁금해서 "엄마, 왜 저 아주머니가 오시면 상까지 차려서 대접을 하세요?" 하고 여쭤보면, 그 아주머니는 진천 깊은 산속에 숨어살며 옹기를 구워 팔던, 순교자의 후손으로 어렵게 사신다고 하였다. 그리고 이 먼 곳까지 무거운 옹기를 이고 오시니 얼마나 힘들고 허기가 지시겠니. 그래서 대접해 드린다고 하셨다. 배티 순교자 성지가 바로 그곳이다. 이제야 생각이 나서 기도를 해드리지만 기쁘다. 이미 하늘나라에서 영복을 누리고 계시겠지만, 이 기도는 다른 영혼에게 양도해 드리시겠지. 그래서 생각이 났을지도 모르겠다.

어느 주일날 솔뫼 성지에 가는 날이다. 안개가 너무 많이 끼어서 남편이 나들목을 자꾸 지나치는 것 때문에 마음이 상했다. 이해를 안 하고 탓만 하게 된다. 미사 시간까지도 마음이 안 풀려서 따로 앉아서 통회도 없이 미사를 드렸다. 그래서 그날 기도를 받은 영혼한테는 죄를 지은 것만 같았다. 하느님이 그 기도를 즐겨 들어주지 않은 것만 같아서, 마음이 편치를 않다. 그래서 후에 다시 기도를 해드렸다. 성지에 기도드리러 갈 때는 참을성이 없도록 사탄이 훼방을 놓는 것도 같다.

모든 성지는 슬픔이 기쁨으로 변화된 장소들이었음을 실감하며 다녔다. 자비의 희년이어서인지 가는 곳마다 순례객들이 몇백 명씩 와서 미사를 드린다. 어떤 영혼은 씻지 못한 잠벌 때문에 공심판(종말) 때까지도 연옥에 머무른다고 한다. 후손들이 기도를 해드려야 되는 이유를 알 것 같다. 누구나 죽으면 사심판을 받게 된다. 아무리 잘 살다 죽었어도 순교자가 아닌 다음에는 바로 천국에 갈 수는 없을 것 같다. 연옥에 가서 단련을 받고 정화된 다음에야 하늘나라에 간다고 배웠다.

통영에서 같이 지내던 선배가 결혼을 하고 아들만 삼형제인데, 둘째가 사제이다. 전대사 기도를 부지런히 하러다니는 나에게 당신이 죽으면 꼭 전대사를 해주어야 한다고 부탁하신다. 바쁘게들 지내니 성지까지 가서 기도해 줄 아들이 없을 것 같다고, "알았어요. 전대사 기간에 돌아가시면 지체 없이 해드릴게요." 대답은 했지만 죽음의 순서는 아무도 모르고, 언제 또 전대사 기간이 될지도 모르는 일이다. 연옥단련을 적게 받으려면 전대사 기간에 죽는 것도 은총이라는 생각이 들 뿐이다. 자비의 희년에만 남편과 같이 기도해 드린 영혼들이 100여 분이 넘는다.

내가 운전해서 성지에 다닐 수 있을 때, 전대사 기간이 또 돌아오면 좋겠다. 1년이라는 긴 시간 동안 건강하게 성지에 다닐 수 있게 허락하신 하느님! 그때마다 기도 받기를 원하는 영혼들을 떠올리게 해 주셔서 감사할 뿐입니다. (홍주성지로 7. 31)

늘 불만이던 연도가

연도가 처음 노래로 바뀌었을 때 얼마나 어색했는지 도무지 기도가 되질 않았다. 같은 음으로만 하는 게 왜 그렇게 심난할 정도로 어설픈지 도대체 누가 이렇게 곡을 붙였을까? 분심만 들었다.

그 후에 친구 어머니가 돌아가셔서 문상을 갔다. 분향을 하고 어머니 영정을 바라보고 있노라니 평소에 우리들한테 잘 해주시던 생각이 나면서 절절한 마음으로 연도가 되었다. 어찌 그리 막히는데도 없이 연도가 잘되는지 늘 불만이던 연도가 마음에 와 닿는 것이었다. 분심거리가 사라졌다. 지금도 설순금(도미질라) 어머니한테 감사하다.

그랬던 설 도미질라 어머니 꿈을 꾸었다. 평소처럼 우리들한테 잘해주신다. 지체 없이 전대사 기도를 봉헌해 드렸다. '하느님! 감사합니다. 잊고 있었던 친구 어머니 기도를 하게 해주시니 감사할 뿐입니다. 아멘.'

요즘 나는 식사 전 기도와 식사 후 기도를 같이 하고 있다. 식사 전 기도는 식사하려고 식탁에 앉아서 하는 기도로 '주님, 은혜로이 내려주신 이 음식과 저희에게 강복하소서. 우리 주 그리스도를 통하여 비나이다. 아멘'

「식사 후에 바치는 기도」

전능하신 하느님,
지금까지 베풀어 주신 모든 은혜 감사하나이다.

주님의 이름은 찬미를 받으소서.
이제와 영원히 받으소서.

세상을 떠난 모든이가 하느님의 자비로
평화의 안식을 누리게 하소서. 아멘!

이렇게 되어 있는데 식사 전 기도는 한 번도 빼먹지 않고 하였는데 식사 후 기도는 어쩌다 보면 빠질 때가 많았다. 그러다가 2008년부터 영혼들을 위한 기도를 다니다 보니 빼먹으면 안 되는 중요한 기도인 것을 알게 되었다.

매 식사 때마다 연옥 영혼들이 기도해 주기를 바라며 식탁 아래에서 식사 끝나기만을 기다린다고 하였다. 간절하게 기다리는데 그대로 다 나가버리면 얼마나 슬퍼할지, 몇 년 전부터야 깨닫고 아예 식사 전후 기도를 미리 하게 되었다. 하느님께 감사!

누구일까

부여성당으로 교적을 옮긴 후 어느 날 미사 후에 연배가 많은 자매님들이 모이는 방(안나)에 갔다. 모두 반갑게 대해 주시는 분들 중에 유독 친절하게 이야기를 하는 자매님이 계셨다. 긍정적으로 사시는 분 같았다. 표정도 밝다.

1년쯤 지나서일까 교우들이 교통사고로 돌아가신 분을 얘기하며 안타까워한다. 새벽에 무단횡단을 하다가 당한 사고라고 한다. 박 마리아라고 하는데 난 누군지를 몰라서 궁금하기만 하였다. 나도 아는 분일까? 혹시 처음 만났을 때 친절하게 대해주던 분이 아닐까라는 생각이 자꾸 든다. 궁금해 하니까 사진을 보여주는데 정말 제일 건강하게 보이던 그 자매님이었다. 깊은 교류가 있었던 건 아니지만 마음이 아프다.

자비의 희년 전대사기간이 되었다. 이번엔 어느 분이 기도를 청할까? 생각하며 잠이 들었다. 생시처럼 꿈을 꾸는데 현관문이 잘 잠겼는지 확인하러 나갔다. 평소에는 문단속은 내 소관이 아니어서 그런 꿈 자체가 이상하기도 하였다. 의자에 어느 분이 옆으로 앉아 있다. 다른 때 같으면 놀라서 누구냐고 소릴 질렀을 텐데 아는 분처럼 느껴져서 어떻게 오셨느냐고 부드럽게 물었다. 이유는 말하지 않은 채 웃으며 “이제는 다시 오지 않을게요.” 한다. 그 분이 박마리아 자매님일 것 같다는 생각이 순간 들었다. 몇 번 뵈어서 얼굴을 아는데, 왜 옆모습만 보였을까? 궁금했지만, 그냥 박마리아 영혼을 위해서 전대사를 봉헌해 드렸다. 그 분을 아는 친지들이 또 기도를 해 드렸다면 두 번, 세 번 받은 기도는 불쌍한 영혼에게 양도된다니 죽어서도 좋은 일을 하시는 거라는 생각이 든다. 하느님의 뜻 안에서 감사할 뿐이다.

전대사 봉헌의 해를 지내면서 깨달은 일이다. 첫 번째 전대사의 해에는 돌아가신 가족들과 내가 아는 지인들을 찾아내서 기도를 했다. 사돈의 팔촌까지 찾아서 기도하였다. 라파엘의 치유를 위해서, 모든 성인의 통공을 믿으며 온 마음으로 기도하고 다녔다.

몇 년 후 전대사의 기간에는 알기는 하지만 내가 생각지도 못한 영혼들이 꿈에 보여서 기도하였다. 꼭 두 분씩 꿈에 보인다. 그러다가 또 전대사의 해가 선포되었을 때는, 이름만 알고 있는 만난 적도 없는 분들의 꿈을 꾸게 되었다. 그러나 이미 그분이 기도를 받고 싶어서 꿈에 보였다는 것이 이해가 되었다. 전대사 기도를 해 드리다 보니 깨닫게 되었다.

기도를 받으신 분들이 또 꿈에 보일 때가 있다. 이미 하늘나라에서 영원한 생명을 누리고 계실 거라고 믿고 있는데 또 꿈에 보이니 이해가 안 되었지만, 기도를 양도해 주고 싶은 영혼이 있다는 것을 알게 된다. ‘기도를 해드렸는데 왜 꿈에 보일까?’ 하며 못 알아들을 때는 근심어린 모습으로 또 보인다. ‘아! 이분이 누군가에게 기도를 전달해주고 싶어서 그런가 보다.’고 바로 성지로 달려가서 기도를 하게 된다. 가만히 살펴보면, 그분 가족 중에 꼭 기도를 해주어야 될 가족이 있었다. 이미 하늘나라에 가셨는데 또 기도를 받으면, 아무도 기억해 주지 않는 불쌍한 영혼에게 그 기도를 전달해 준다고 들었다.

손자 기도를 부탁하시는 듯

사촌오빠들 8명 중에 제일 큰오빠가 친정 경조사에 내려가면 반가워하시며 우리들이 신은 스타킹이 신기하신지 양말을 신은 건지 안 신은 건지 궁금해 하며 만져보신다. 우리들이 보아도 너무나 살색이어서 구분하기가 힘들긴 하였다. 평생 쟁기질을 하던 선한 모습의 오빠가 생각난다.

2008년에 부모님 전대사 기도를 꼭 하라고 믿음이 돈독한 큰댁 셋째 며느리에게 당부를 하였었다. 그랬는데 이번 전대사 기간에 꿈을 꾸었다. 다시 기도를 해야지 하며 며칠이 지났다. 또 꿈에 보이신다. 이번엔 올케언니까지 근심 가득한 모습으로 보이셔서 빨리 기도해야 되겠구나 생각하였다.

올케 언니는 모든 것을 하느님께 의탁하며 사셨던 신심이 깊은 분이셨다. 묵주신공을 하실 때면 쏟아지는 잠 때문에 기도 시간 절반은 목이 끄덕이신다. 성모님은 그런 기도도 어여삐 여기신다고 하였다. 나는 올케언니가 집안 식구들, 남편 흉은 물론 아들 다섯 형제와 며느리 다섯 명에 대해서 흉보는 것을 한 번도 못 들었다. 그런 점이 늘 존경스러워서, "언니는 며느리들이 마음에 안 들 때도 많을 텐데 통 흉을 안보시네요?" 여쭤보면 "다 그렇지 뭐." 하며 웃곤 하셨다.

어느 날인가 안성언니와 나에게 "애기씨들, 두 분 시누님들에게 청이 있어요." 하신다. 의아했다. 다른 게 아니고 시누님들은 신앙심이 깊으니까 언제가 될지 내가 죽으면 꼭 기도해 달라며 부탁을 하신다. 건강이 안 좋아서 늘 약한 모습을 보이셨다. 그래서 마음에 담아 두었었다. 우리 애들은 열심인 자식들이 없어서 부탁한다고 하셨다.

돌아가셨을 때는 열심인 아들며느리가 있어서 돌아가시기 전에 우리들한테 기도 부탁한 이야기를 하며 어머니를 위해서 기도 많이 하라고 하였다.

두 분이 해외근무를 마치고 귀국할 날을 며칠 앞두고 하늘나라로 가버린 손자 기도를 해주고 싶어서 두 번이나 보이셨나? 하는 생각이 들었다. 며칠 후면 만날 어린 아들, 상면도 못하고 불의의 사고로 가버린 손자 기도를 해달라는 메시지로 받아들였다. 여기에 생각이 미치자 지체하지 않고 성지로 달려갔다. '오빠 언니. 천국에서 사랑하는 손자를 만나고 계시겠지요. 저희를 위해서도 기도해 주세요.'

자비의 하느님, 감사드릴 뿐입니다.

'하느님! 이렇게 기도할 수 있는 마음을 주시니, 하느님의 뜻 안에서 감사와 찬미를 영원무궁토록 받으소서. 아멘!' (황새바위 순교자 성지 12.19)

3

순천만 갈대밭에

- 감곡성당에서
- 부여로 이사하게 인도하심
- 꿈에서야 만난 친구
- 부활을 믿으십니까
- 순천만 갈대밭에(정채봉문학관)
- 어머니를 만나려고
- 더 아픈 사람을 위해서
- 바오로의 해 폐막미사

감곡성당에서

신자로 살아오고 있는 몇십 년 동안에 올해처럼 전대사가 선포된 해가 많았을 텐데, 그러나 철이 들어서 기억되는 전대사해는 몇 번이 없다. 그리고 전대사란 의미도, 우리에게 남아있는 잠벌을 없애주는 은사 정도로만 알았다. 그러나 올해처럼 전대사의 의미가 이렇게 마음에 와 닿아보기는 처음인 것 같다.

9월에 성모회에서 감곡성당으로 성지순례 갔을 때 그곳에 계신 김웅렬 신부님이 얼마나 설명을 잘해 주셨는지 아니면, 내가 라파엘로 인해서 마음이 열려 있을 때라 그런지 강론 말씀이 귀에 쏙쏙 들어왔다. 이 세상에 남아있는 후손들이 돌아가신 분들을 위해서 해드릴 수 있는 기도라고 하셨다.

이렇게 좋은 은사의 해를 무심히 보내선 안 되겠구나 싶어서 라파엘 때문에 더 다니는 거지만, 갈 적마다 돌아가신지 얼마 안 되는 영혼들 먼저 전대사의 은사를 봉헌하였다. 그러면서 우리 언니, 오빠, 또 누구 누구는 복도 많으시네. 이렇게 적절한 시기에 기도를 받으셨으니 연옥 단련을 얼마 안 받고 하늘나라에 가셨겠네. 혼자 흐뭇해하며 기쁜 마음이었다. 친가(親家)와 시가(媤家)의 모든 영혼들을 위해서 봉헌해 드렸다. 오래전에 돌아가신 부모님들을 위해서 기도하면서, '아유 천당에 가셨어도 벌써 가셨을 텐데 자비의 하느님이 그 어른들이 무슨 몹쓸 죄를 지었다고 아직도 연옥에 두셨을라고.' 하며 스스로 위안을 하기도 하였다.

그렇지만 이미 천당에 가셨다면 그 은사를 다른 불쌍한 영혼들한테 돌려 드린다니 이 얼마나 행복한 일인가 싶어 기쁘다. 연옥 문턱에서 누군가가 자기를 위해서 기도해 주기를 목 빠지게 기다린다는 이야기를 들은 후부터는 더 열심히 다니게 된다. 성지에 갈 적마다, 오늘은 어느 영혼에게 전대사를 봉헌할까 생각하며 그 집안에 남아 있는 자손들이 거의 냉담 상태거나 또 성지에 다닐 만한 여건이 안 되겠구나 싶은 분들부터 찾아서 기도해 드리곤 하였다. 한참 봉헌하다 보니 거의 생각이 안 났다. 그런 날은 나를 위해서도 또 이름 모르는 불쌍한 영혼들을 위해서도 기도하였다.

친정 넷째 작은댁에는 딸만 셋인데 한 사람은 이미 하늘나라에, 두 언니는 전대사를 바쳐 드릴 형편이 아니어서 내가 봉헌하고 언니한테 전화를 했다. "언니, 올해가 전대사 기간이잖아요. 언니들은 성지에 다니기 힘들 것 같아서 내가 언니들 대신해서 작은엄마, 아버지 영혼 위해서 전대사 봉헌 해드렸어요. 이미 천당 가셨겠지만, 그런 경우 다른 불쌍한 영혼들한테 은사가 간다니까 더 좋은 거지 뭐" 했더니, "넌 어쩌면 그렇게 좋은 일을 하니 정말 고맙다. 딸들은 생각도 못하고 있는데 조카딸이 대신했구나. 정말 고마워." 그러면서 하는 말이 "이제 엄마 아버지 연미사 안 드려도 되겠구나." 한다.

"그래도 언니, 자손 된 도리로 기일이나 정월에는 봉헌해야 되지 않나요? 그 은혜가 불쌍한 영혼한테 간다잖아요." "그렇지, 그래 알았어." 하며 고마워하신다. 사촌 언니 형편이 미사예물 바치는 것도 어렵기는 하다.

내년 6월까지이니 더 많이 찾아서 불쌍한 영혼들을 위해서 기도해 드리려고 한다. 올해 같이 전대사의 의미가 새롭게 와 닿기는 처음이다.

전대사 기간인지도 모르고 왔는데 바오로 탄생 2000년의 해에 선포된 전대사 기간이라고 하여 기쁜 마음으로 경원이를 위해서 전대사 기도를 봉헌해야지 기대하고 있었는데, 전대사 기도는 돌아가신 영혼들에게만 해드릴 수 있다고 하여 실망을 하였다. 평일이었는데도 제기동 성당 성모 회에서 단체로 참석해서인지 피정 강론처럼 열강을 해주셨다. 다른 약속도 파기하고 오늘 이곳에 온 것이 신부님 말씀처럼 성모님의 인도하심으로 온 것만 같다. 감사하고 감사하다.

전대사란 무엇인가에 대해서도 확실히 알게 되었다. 평생 지은 잘못에 대한 잠벌이 고백성사를 보고 사하여졌지만 남아 있는 죄의 찌꺼기들을 깨끗이 씻어내는 은사라고 한다. 그리고 천국에 못 간 영혼이 연옥에서 보속을 하고 있을 때 누군가 이 세상에 남아 있는 사람이 그 영혼을 위해서 기도해 드리면 잠벌에서 벗어나서, 천국에 갈 수 있다고 한다. 이렇게 좋은 전대사의 해에 더 부지런히 성지에 다니며 영혼들을 위해서 기도해 드려야 되겠다는 생각이 들었다. 살아 있는 후손이 할 일이라는 생각에 미치자 너무나 감사하다. '하느님! 이 모든 기도, 박경원 라파엘을 위해서입니다.'

살아 있는 사람은 본인만을 위해서 전대사 은사를 받을 수 있다.

전대사를 바칠 때 조건.

고백성사, 미사, 영성체, 주모경, 사도신경, 전대사성지로 지정된 성당에서 미사 드림.

신부님의 강론 중에 치유와, 구마와, 믿음에 대해서도 알아듣기 쉽게 말씀해 주셨다. 치유에는 육신의 치유만이 아니고 영혼의 치유가 더 중요하다고 하시며 육신의 치유는 고침을 받아도 언젠가는 죽지만 영혼이 치유되지 않은 상태에서 죽으면 영원한 죽음이라는 말씀이 마음에 와 닿았다. '믿음에 대해서도 종교인은 많지만 참 신앙인은 드물다'고 하시며 신앙에 혼란이 올 때는 전통으로 돌아가서 중심을 가지고 살아가라고 하신다.

부여로 이사하게 인도하심

사랑을 나누며 살자는 취지로 만나는, 제기동 본당 교우 10여 명이 갈매못 순교자 성지에 가기로 한 날이다. 벚꽃이 이미 눈처럼 떨어지고 있어서 진짜 봄인 줄 알고 옷을 얇게 입었다. 그런데 차 안에서도 추운 기가 들고 그 허허벌판 같은 산 위에 있는 성당에서 미사 바칠 일이 걱정이다. 버스가 어느 휴게소에 도착했을 때, 여자들은 불문곡직 하고 내의랑 바지를 사서 입는 웃지 못할 일들이 벌어졌다. 휴게소에서 얼떨결에 산 '네파' 라는 바지가 얼마나 따뜻하고 마음에 드는지 얇게 입고 오길 잘 했다는 생각까지 들었다.

대성전에서의 미사가 감동이었다. 순례자가 하도 많이 와서 제대 위까지 꽉 차고, 비가 오는 추운 날씨에도 밖에서 성당 문까지 열어놓고 미사참례를 하는 진풍경이 벌어졌다. 미사가 끝날 때에 순교자들이 순교하신 바다를 보라고 하였다. 연극을 시작할 때 무대가 열리는 것처럼 제대가 양쪽으로 열리는 특별한 장면까지 보게 되었다.

눈높이에서 펼쳐진 비가 내리는 바다 위엔, 물새가 점점이 떠있고 작은 파도만이 일었다. 휘광이 들의 칼날에 목숨을 꽃잎처럼 떨어트리고 가신 순교자들의 고통에 눈가가 흐려진다. 앵베르 주교님, 위엥 신부님, 오메트로 신부님은 그 당시 프랑스에서 사제생활을 하셔도 되는데도 목숨을 걸고 죽음의 땅인 조선으로 오셨다고 한다. 오직 예수님을 가진 자가 모든 것을 가진 자라는, 하느님 사랑을 실천하시려고 그 험한 길을 택하셨다고 한다.

'요즘은 만과, 조과 기도가 없어진 것처럼 신자들이 기도생활을 잘하지 않는다. 기도 생활이 몸에 배어 있지를 않다. 주일 잘 지키고 교무금만 잘 내면 열심인 신자처럼 보이지만 기도 생활을 안 하기 때문에 신앙과 삶을 분리시킨 것처럼 보인다. 기도만이 삶을 깊어지게 한다. 박해시대의 순교자들은 얼마나 많은 시간을 기도했는지 지금의 우리들은 따라갈 수가 없다. 포졸들이 신자, 비신자를 알아내는 방법이 있었다. 버선코가 문드러져 있는 사람은 신자였다고 한다. 무릎 꿇고 기도한 흔적이었다고 한다. 요즘은 목숨을 버리는 순교는 더 이상은 없다. 현세의 순교는 더 사랑하고, 더 용서하고, 더 나누고 더 불편하게 살고자 하는 것이 순교라고 생각한다.'

신부님의 강론 말씀이 마음에 와 닿았지만, 얼마나 실천하며 살 수 있을지, 어릴 때 어머니의 채근에 못 이겨 하는 기도였지만 일상의 생활이 되어 "애들아, 신공 바치게 빨리 와라." 부르시면 하던 일 남겨놓고 즉시 모여 앉아서 기도를 했었다. 옛날 기도문은 길기도 하여서 조과(아침기도) 만과(저녁기도) 또 묵주신공까지 하려면 시간이 많이 걸려서 발도 저렸지만 그 시절이 많이 그립다. 신부님의 조과, 만과라는 단어가 반갑기까지 하다. 신부님은 조과, 만과를 바치던 세대는 아닌 것 같은데 열심 한 부모님 슬하에서 사신 것 같다. 오늘, 갈매못 성지에 간 날을 나는 살아가는 동안 잊지 못할 것 같다. 부여로 삶의 터전을 옮기는 계기가 된 날이었기 때문이다.

성지에서 미사 후에 부여에 왔다. 몇 년 전에 이사 와서 '노기순 청국장' 식당을 하는 제기동 신자였던, 배 바오로, 노 베로니카 부부를 방문하게 되었다. 신협으로 쓰던 건물이라는데 널찍하게 창문으로 바라다보는 밖의 풍경도 시야가 탁 트여서, 이곳에서 살고 싶다는 생각이 순간 들었다.

한가한 풍경이 좋아서 이사 오고 싶다고 하였다. 형님이 이런 시골에서 어떻게 사느냐고 답답해서 못 살 거라고 한다. 나도 시골에서 태어나서 그런지 항상 흙이 있는 시골이 그립다고 하였다. 그럼 비어 있는 집이 있으니 가보자고 한다. 즉시 따라나섰다. 문이 잠겨 있어서 겉만 둘러보았다. 내 집이 되려고 그랬는지, 어수선하기 짝이 없었는데도 별 탓이 안 되었다. 마침 약국을 하던 집이어서 더 마음에 들었다. 얼마에 살 수 있는지 잘 상의해 보라고 하였다. 같이 집을 둘러보던 대녀 아가다가, 우리도 이사 오고 싶다고 한다. 그럼 다른 집을 또 보자고 하였다.

집에 돌아오기 전 남편에게 지나가는 말로 한마디 하였다.

"저기 우리가 와서 여생을 보낼 만한 집이 있어요."

무슨 말이냐며 귀여겨듣지도 않는다. 집에 와서도 다시 그 집을 보러가야겠다는 생각만 들었다. 이튿날 밀리는 길을 3시간이나 달려와서 집안까지 다 둘러보고, 4일 만에 계약을 하게 되었다. 계약하는 날 집주인인 젊은 분이 왜 그렇게 급하시냐며 웃는다.

"난 무슨 일을 할 때는 마무리를 빨리 지어야 다른 일을 할 수가 있답니다."

이런 과정에서 남편과 상의를 하면 일이 성사되기 전에 브레이크만 걸릴 것 같아서, 계약서를 주며 보라고 하였다. 메모지와 함께.

'상의를 하면 첫 마디부터가 그런 시골에 가서 어떻게 살려고 하느냐고 반대부터 할 것 같아서 계약 먼저 했어요. 이런 저런 말로 마음 상하게 하지 말고, 이 기회에 시골에 가서 여생을 조용한 곳에서 살았으면 좋겠어요.'

외출했다 돌아오니 별 다른 말이 없어서, 남편도 40여 년 넘게 살아온 서울을 벗어나고 싶은가 보다고 감사한 마음이 들었다. 이런 과정에서 꽁꽁 싸놓았던 비상금이 다 날아갔다. 급하다 보니 계약금으로 다 써버렸는데, 언제나 채워줄지 기약이 없다. 시골집 한 채가 내 명의로 된 것에 만족해야 할까 보다.

이곳 부여에서 생활하는 게 너무 행복하다. 둘이 앉으면, 이렇게 한적한 곳에서 살게끔 어린 천사 라파엘이 도와준 것 같다는 말을 하게 된다. 서너 평 채소를 가꿀 수 있는 밭이 있어서 흙을 만지는 즐거움에 더 기쁘다. 우리도 이사 오고 싶다고 말했던 아가다네도, 한 달 사이에 앞서거니 뒤서거니 같이 이사 와서 대부모간의 정으로 신앙 공동체를 이루며 살고 있다. 라파엘이 아팠을 때, 라파엘 기도는 질리지가 않는다며 대자 부부가 1년을 하루같이 기도해 주었다.

라파엘이 할머니, 할아버지 외롭지 않게, 또 아가다네도 더 나은 고장으로 이사하게 만들어 준 것 같다고, 아가다와 만날 때마다 이야기를 한다. 또 1년 동안 라파엘 엄마의 심정으로 부부가 무릎 꿇고 경원이 기도를 하던, 동생네도 우연찮게 비어 있는 2층집으로 무상으로 살 수 있게 이야기가 되어 살던 아파트는 전세를 주고, 예산으로 이사 와서 텃밭을 가꾸며 전원생활을 하고 있다. 말 따 동생도 라파엘이 도와준 것 같다며 감사하다고 한다. 충청도가 좋은 고장인지 세 가정이 다 충청도에 와서 살게 되니 성지가 많아서, 순례도 많이 하며 기쁘게 생활하고 있다. 모든 게 다 감사할 뿐이다.

꿈에서야 만난 친구

어린 시절 주일날이면 만났던 친구, 승희를 만나서 골프를 같이 쳤다. 퍼팅을 얼마나 잘하는지 연신 감탄을 하게 만든다. 직선으로 가다 왼쪽으로 휘어지는 훅 라이인데 절묘하게 들어가는 걸 보며 프로의 퍼팅을 보는 듯하였다. 연속 3번인가를 성공시켰다. 키가 훌쩍 큰 청년의 모습이었다. 부인되는 사람이 옆에서 남편한테 살갑게 굴어서 그 일 때문에도 감동을 받았다. 그런데 조금 있다 보니 어릴 적 모습은 그렇지 않았는데 발을 많이 절었다.

무슨 사무실 같았는데 누구에게 전해 주어야 한다며 인화된 사진들을 많이 보여 준다. 거의가 다 두 명씩 앉아서 찍은 사진들이다. 내가 그 중에서 한 장을 꺼내들고 남편한테 이 분들이 수산나 씨 부모님들이에요. 하며 보여주었다. 온화한 노부부의 모습이었다. 책상 위에 수북이 쌓여있는 사진들이 모두 같은 모양의 작은 사진들이다. 이런 꿈은 무엇을 의미할까?

새벽녘에 꾼 꿈이었다. 어쩌면 초등학교 때 만나고 그 후론 본 적이 없는 승희를 꿈에서 다 만났을까? 그러고 보니 승희가 몇 년 전인지 죽었다는 말을 들은 것 같았다. 친정에 갔다가 그 얘길 들으며 마음이 아팠었다. 그 후에 또 일 년인가 지나서 부인도 죽었다는 말을 들었다. 두 사람이 무척 사랑한 부부였나 보다.

잠시 꿈에 본 장면들을 생각하다가 '아! 전대사! 오늘 나바위 성지에 가는 걸 알고 기도해 달라는 거구나?' 하는 생각이 들자 '오 하느님! 감사합니다. 이렇게 기도할 수 있게 깨우쳐 주시니 감사합니다. 어릴 적 친구를 위해서 기도하라고 꿈을 꾸게 하셨군요. 감사합니다. 감사합니다.'를 외치다가 생각하니 아, 전대사 기간이 끝났는데 어떡하지? 안타깝다. 어릴 적 친구라고 꿈속에 찾아와 기도를 부탁하는 것 같아서 고맙기까지 하다. 전대사 기도는 못하지만 연미사를 봉헌하면 되겠지. 하는 마음이 들어 그나마 위안이 되었다.

어린 시절 주일이면 강당에 모여서 공소예절을 볼 때인데, 승희와 여동생도 엄마를 따라서 꼭 같이 왔다. 그 때는 성당이 멀어서 강당에 모여 주일을 지켰었다. 남매를 데리고 기도하러 오시던 어머니 모습이 지금도 눈에 선하다. 외적으로 보이는 모습처럼 인품이 좋으셔서 어린 마음에도 참 훌륭하신 아주머니라는 생각이 들었었다. 승희가 개구쟁이라 난감한 상황이 벌어져도 다른 엄마들 하고는 다르게 점잖게 타이르던 모습도 생각난다.

승희는 얼마나 개구쟁이인지 우리 여자애들을 많이도 괴롭혔다. 참깨밭에서 시퍼런 참깨 벌레를 잡아서 우리들 옷 속에 넣으려고 하여 여자애들이 질겁하며 도망 다니던 추억이 새롭다. 깨 벌레는 크기도 하여서 손가락만 하였다. 혹시 승희도 하늘나라에서 개구쟁이 시절이 생각나서 웃고 있을까? 또 다른 친구는 기도하는 동안 신발을 몽땅 가져다가 지게에다 쌓아놓아서 기도 후에 신발 짝 맞추어 신느라고 어른이고 아이들이고 고생하던 생각들이 떠올라 새삼 웃음이 난다. 그 친구는 지금 어디에 사는지? 타임머신을 타고 다시 그 시절로 돌아가 볼 수만 있다면 얼마나 행복하리. 어린 시절이 마냥 그리워진다.

토요일 저녁을 먹으며 남편한테 '우리 내일은 나바위 성지로 미사 보러가요' 의논하고 잠을 잤는데 성지에 가려는 걸 알고 그 친구가 꿈에 보였나 보다. 어릴 때 만나고 못 만났으니 그대 본명을 몰라서 '박승희 부부'라고 적어서 연미사 봉헌하였습니다. '부디 하늘나라에서 아직은 세상살이에 동분서주하고 있는 우리들을 위해서 기도해 주세요.' 이 세상에서는 만날 수 없는 그리운 친구여!

사진으로 본 김요셉, 데레사 그 두 분을 위해서도 연미사를 봉헌해 드려야겠다. 내 부모님처럼 두 분의 모습도 선명하게 생각난다. 분명 기도해 달라고 꿈에 보이신 것 같다. 다음 주일에 잊지 말고 기도해 드려야지. '하느님! 모든 게 다 감사할 뿐입니다. 영원무궁토록 찬미 받으소서. 아멘!'

그 후에 전대사 기간이 돌아와 승희 부부와 수산나 부모님을 위해서도 기도해 드렸다.

부활을 믿으십니까

'선생님은 부활을 믿으십니까?

네, 믿고 있습니다. 하느님께 감사하며 살고 있으니 당연히 부활신앙을 갖고 있습니다. 이 세상에서의 삶은 잠시 머물다 창조주 하느님께 돌아가는 여정일 뿐이라고 생각합니다.

하지만 회장님, 먼 훗날 세상 끝날에 다가올 부활을 염원하기보다는 머지않아 다가올 내세에서의 평화를 갈망하고 있습니다.'

2016년 10월에 수필문학추천작가회 연차모임으로 강릉을 갔을 때이다. 경포대둘레길이 걸을 만하다고 하여 겁도 없이 대열에 끼었다. 그러나 나는 가면 안 되는 길이었다. 무릎을 다친 지 2년여가 넘었지만 아직은 절뚝이며 걸을 때인데 평지라는 말에 최학용 선생님과 동지 삼아 합류하였다.

그런데 오산이었다. 가도 가도 끝이 보이질 않고 거의가 오르막 내리막 계단이었다. 얼마나 힘이든지 걷다가 주저앉아 쉬기를 반복하였다. 최 선생님도 나만큼이나 힘들어 하며 이미 보이지 않는 일행들을 쫓아가려고 안간힘을 썼다. 그 와중에도 포말처럼 하얗게 부서지는 파도를 보라고 한다. 나는 앉았다 일어서기도 힘이 들어서 내 눈에는 그 멋진 파도도 보이질 않는다고, 바다를 바라볼 여유가 어디 있느냐고 퉁명을 떨었다. 그리고는 그런 상황이 우스워 둘이 깔깔대며 웃었다.

버스에서는 일행이 출발을 못하고 있고, 강석호 회장님은 승용차에서 우릴 기다리고 계셨다. 단체에게 불편을 준 것이 미안해서 고개를 못 들 지경인데 차에 오르자 회장님께서 신앙적인 이야기를 하시며 '선생님은 부활을 믿으십니까?' 하고 물으셨다.

2016년 『모니카의 낙서장』이 인쇄에 들어가기 전에 수필문학사에 들렀다. 마침 회장님도 계셔서 뵈올 수가 있었다. 이미 퇴고가 다 끝났던 원고인데 뭉치째 가져다 놓고 보고 계셨다.

「우리 집 옥상에서의 해맞이」 글에 아들을 학원에 안 보내서 결국은 재수학원에 다닌 이야기를 읽으시며 아들을 학원에 안 보냈느냐고 서너 번을 되뇌셨다. 나는 제도적으로 막아서 보낼 수가 없었고, 엄마가 극성맞지 못해서 다른 엄마들처럼 비밀과외도 안 시켜서 재수까지 하였다고 당연한 이야기를 쓴 것인데 그 이야기를 깊게 생각하시는 듯하였다.

또 서문에 『3분』이란 책에서 4살 된 아이가 수술 도중에 천국에 가서 생전에 만나지 못한 누나와 할아버지를 만나고 온 이야기가 너무나 감동이 되어, 나도 천국에 가면 어린 천사들, 요한이와 라파엘을 만날 수 있다는 희망을 가지고 살아간다는 것이 너무 행복하다고 적은 것을 보시면서도 몇 번이나 음미하듯 읽으신다.

『3분』이란 책을 읽고 낙서장에 이렇게 적은 글귀가 보인다. 언제가 될지 모르지만 내가 이 세상 여정이 끝나고 하늘나라로 돌아가면 이렇게 적고 싶다.

'드디어 어린 천사들, 요한이와 라파엘을 만나다.'

지금도 회장님의 퇴고로 빨간 볼펜으로 밑줄이 쳐진 원고를 보며 죄송스럽게도 제대로 감사의 인사도 못 드리고 책이 출간되고 그 후에도 인사를 못 했는데 하늘나라로 떠나셔서 두고두고 아쉬움으로 남게 되었다.

세미나 장소에서 뵐 적마다 참석하시는 게 너무나 감사하였다. 그렇지만 우리들보다 늘 먼저 떠나시는 게 안타까웠다. 이젠 영원히 모습을 뵐 수 없다는 현실에 눈앞이 흐려온다.

6년 전쯤인지, 1년 만에 뵈었는데 많이 여윈 모습을 보고 깜짝 놀랐다. 일주일에 서너 번이나 투석을 받으신다고 하였다. 마음이 무척 아팠다. 그때부터 아침 기도를 할 때면 여윈 모습이 떠올라서 기도가 되었다. 8월 30일 카톡으로 들어온 부음소식을 접하고 순간, 임종을 못한 친정아버지 생각까지 나면서 망연자실 말문이 막혔다.

'회장님, 기어이 가시는군요.'

그래도 한 달여 전, 수필작가들 모임에서 뵈었던 것에 그나마 위로가 되었다. 영전에 엎드려 마지막 인사라도 하고 싶은데 그때 마침 양평파크골프장에 단체로 가 있어서 발만 동동 굴렀다. 경기도지사배 경기였는데 다 포기하고 되돌아가고 싶은데 차편이 없었다. 그 날은 파크골프를 접고 싶을 정도로 애가 탔다. 거기다가 첫날은 비까지 내려서 2일간의 경기를 하루로 줄이고 심난한 마음으로 건성건성 치고 말았다.

집에 돌아오자마자 나바위 성당으로 달려가서 강석호 회장님을 위해서 전대사 기도를 바쳐드리고 나니 슬프고 허전했던 마음이 가라앉고 행복한 마음으로 회장님을 떠올리게 된다.

'강석호 회장님! 병마로 짓눌렀던 육신을 벗어버리고 깃털처럼 가벼운 영혼으로 영원한 생명을 누리소서. 우리 어머니를 꿈속에서 만나는 것처럼, 회장님 모습도 꿈에서라도 뵙기를 희망합니다.'

하동 금성면에 세워진 문학비를 다녀오며…

회장님! 어느덧 하늘나라로 떠나신 지도 1년이란 세월이 흘렀습니다.

추모식에 많은 문인들이 참석하여 하동 금성면 고향 언덕에 세워진 문학비가 있는 곳을 향해 가고 있었습니다. 얼마 남겨 놓지 않은 시점에서 차창에 빗방울이 떨어지는 것이 보였습니다.

순간 어려운 상황이 되면 어쩌나 걱정이 되었지만 조용히 내리는 빗방울을 보며 아! 회장님이 반가운 이들이 당신을 추모하러 오는 모습에 반가움의 비를 뿌려주고 계시다는 생각이 들어서 곧 마음이 편안해졌습니다. 추모식이 끝나고 내려올 때는 이미 비가 그치고 하늘이 맑아지고 있었습니다.

오랜 친구 문인들과 후배 작가들을 보며 행복하셨지요?

내려오는 길옆에는 주렁주렁 달린 빨간 석류알이 얼마나 행복한 마음을 주는지 그만 열매 하나를 따고 말았어요. 그래도 탐스러운 열매가 많았지만 작은 것 하나를 땄어요. 우뚝 세워놓고 가신 『수필문학』이 더욱 발전될 수 있도록 하느님께 기도해 주세요. 강병욱 발행인께서 아버지의 유지를 받들어 더 훌륭한 수필문학으로 키워 가리라 믿고 든든합니다.

2016년, 강릉 세미나에서 경포대 둘레길을 걸으며 고생하던 일과, 회장님과 신앙적인 이야기들을 나누던 때가 새삼 그리워집니다.

회장님! 지상에 남아 있는 저희들이 아니 제가, 마음이 따뜻하고 꾸미지 않는 글을 쓸 수 있도록 꼭 도와주세요.

— 서달희 모니카 올림 (2019 8. 31)

순천만 갈대밭에 (정채봉문학관)

충청권에 있는 순교성지들을 많이 다녔다. 그래서 자비의 희년이 끝나기 전에 순천에 있는 성당에도 가고 싶었다. 아이들이 어릴 때 기차를 타고 가족여행을 다녀온 적이 있었다. 기억도 가물거리는데 엄청 멀었다는 생각만 남아 있다. 기차 안에서 어린아이들을 데리고 상경하는 부모들을 보며 무슨 때만 되면 저렇게 고생을 하겠구나 싶어 안타까웠다. 그 후에 아이들이 커서 결혼한 후에 너희들은 시댁, 또 처갓집이 가까워서 복인 줄 알아라. 순천이나 부산같이 먼 고장이 아니니 얼마나 다행이냐 하루 종일 시달리며 부모님을 만나러 가니 불쌍한 생각이 들더라는 말을 하기도 하였다.

순천에 있는 전대사 지정 성당이 교우도 많지 않은 자그마한 성당이길 기대하며 갔다. 그런데 커다란 성당이었는데 신자들이 그 큰 성당에 가득 찼다. 미사를 집전하시는 신부님의 깊은 신심이 전해져 온다. 전대사 기도 받으시는 분외에 이름도 모르는 불쌍한 영혼들을 위해서는 연미사도 봉헌하였다.

순천만 정원이라고 표시된 길을 가다가 '꼬막 정식'이라고 쓴 식당으로 들어갔다. 산지여서 그런지 커다란 꼬막도 있다. 삶은 꼬막을 얼마나 많이 먹었는지 아녜스 자매 몫까지 내가 다 먹은 것 같다. 인심도 좋아서 더 많이 갖다 준다.

순천만 정원까진 아니라도 갈대밭이라도 둘러보자고 가는데 반대편 도로는 마라톤 행렬이 줄을 잇는다. 우리 차선은 아예 주차장이다. 길에서 하루를 보내야 할 것 같았다. 그런데 도로 반대편에 주차장도 넓은 펜션이 보인다. 내 특기인 순발력이 발동이 되었다. 마라톤 행렬이 조금 쳐져 있는 틈을 타서 중앙선을 넘어 펜션 주차장에 차를 세웠다. 길 정리를 하던 안내원도 순간에 벌어진 일이라 아무 말도 못한다. 무작정 차를 세우고 울타리를 넘어서 둑을 향해 걸었다.

같이 간 아녜스 자매한테 순천하면 내가 좋아했던 정채봉 작가가 생각난다고 하였다. 누군지 모르고 있다. 그분 글을 읽다 보면 다른 사람들 글은 쓰레기 같다는 생각이 들 정도로 아름다운 글을 쓰신 분이라고 설명하며 걷는데, 1킬로 방향에 정채봉 문학관이란 표지판이 보인다. 이 넓은 허허벌판 갈대밭에 문학관이라니? 이게 웬 횡재인가 싶어 가슴이 다 뛰었다. 운치도 있는 갈대밭 오솔길이 그리운 사람을 만나러 가듯 행복한 길이 되었다. 장미꽃, 포도나무, 목화솜이 피어난 목화밭도 있는 호젓한 길을 걸어 문학관에 도착하였다. 도시가 아닌 갈대밭 옆에 있는 문학관을 둘러보며 생전에 자연을 사랑하시더니 선생님을 추억하기에 가장 좋은 곳에 마련되어서 선생님의 글을 좋아했던 독자로서 행복하다. 자꾸 순천을 오고 싶더니 이런 행운이….

돌아 나오는 문 옆에 선생님께 띄우는 편지를 쓰라는 편지지가 놓여 있다. 아녜스 자매가 선생님 글을 좋아 하셨다니 하늘나라에 계신 선생님께 편지를 쓰라고 권한다.

"마음으로 기도하면 되지 무슨 편지까지~" 하며 문을 나오려는 순간 '아! 전대사, 그분의 영혼을 위해 전대사를 바쳐드려야겠다.'는 생각이 뇌리를 스친다. 오늘 저전동 성당까지 와서 미사를 드리고 갈대밭을 둘러보자고 온데는 이런 뜻도 포함되어 있었나 보다.

'정채봉 선생님! 「그대 뒷모습」 「스무 살 어머니」 등 선생님의 주옥 같은 글들을 읽으며 가슴이 먹먹했었는데 기도해 드리게 되어, 부모님 기도를 해드리는 것만큼이나 행복합니다. 부디 영복을 누리소서.'

너무 일찍 떠나신 게 아쉽게만 느껴진다.

그동안에 남편 전화가 몇 번이나 와있다. 불법으로 주차한 차 때문인 것 같았다. 언제고 순천을 다시오면 이 펜션을 이용할 거라고 사정을 하고, 주인은 오시면 할인해서 모시겠다고 하였단다. 내년에 미국에 사는 외손녀 선영이가 졸업여행으로 외국친구들과 같이 온다고 하였다. 그 때 꼭 가서 하룻밤 묵으며 순천을 다시 둘러보아야 하겠다. 정이 넘치는 고장으로 각인되었다.

남편이 점심때 먹은 소주 때문에 내가 운전했던 게 잘된 일이었다. 남편은 불법으로 중앙선을 넘어가는 일은 안 하는 사람이기에, 아네스 자매의 한마디가 그 상황을 말해준다. 형님의 운전이 탁월한 선택이었다고, 모두 다 감사합니다. 하느님!

고속도로를 타고 집에 오려고 오수 인터체인지를 향해서 핸들을 돌렸다. 이렇게 좋은 계절에 단풍을 즐겨야지 굳이 고속도로를 타느냐고 소주 한잔을 걸친 남편이 한마디 한다. 다른 때 같으면 들은 척도 안하고 빨리 가려는 마음뿐이었는데, "그럼 그렇게 할까요? 일부러 단풍놀이도 올 텐데~" 하며 일반 도로로 접어들었다. 순천 산세가 너무나 아름답다. 겹겹으로 덮인 계곡이 지팡이 하나 들고 올라설 틈이 없이 그야말로

첩첩산중이다. 맞은편엔 빨강 노랑 주황으로 물든 단풍들이 "우아!" 하는 탄성이 절로 터지게 만든다. 저렇게 아름다운 가을 경치를 처음 보았다. 혼자 속으로, 고집 피우고 고속도로로 갔으면 큰일 날 뻔했네. 했을 정도로 빼어난 경치였다. 그곳이 송치재고개라고 하였다. 어디서 들어본 지명인데?

남원으로 들어섰다. 커브길을 돌아서 가는데 요한형제님이 저기 혼 불 문학관이 있네요. 한다. 최명희 작가에 대해서는 아무것도 모른다. 그분이 쓴 글을 한 줄도 읽은 기억이 없다. 그래도 다녀가야 할 것만 같았다. 그분의 『혼불』 소설은 사촌간의 상피관계를 다뤘기 때문에 최씨 가문에서 파문을 당했다고 했다. 그래서 그런 내용이라면 굳이 읽을 필요를 안 느꼈었나 보다. 하고 많은 이야기 중에 그런 소재를 택해서 파문까지 당했나 싶었다. 다행히도 길에서 얼마 들어가지 않은 곳에 청사초롱으로 길을 밝힌 혼불문학관이 있었다.

어린 시절에 보았던 초례청 모습, 잔치마당의 왁자한 모습, 만장을 날리며 상여가 나가는 모습 등 농촌의 여러 모습들이 색깔도 곱게 한지 공예로 만들어져 있었다. 나도 어려서 보았던 광경들이라 그 추억을 건진 것만으로도 문학관에 온 것이 잘된 일이었다. 일찍 돌아가셔서인지 젊은 모습과 젊은 목소리만 듣게 되어서 마음이 아프다. 다 둘러보고 나니 『혼불』 작품을 읽어 보아야 할 것 같은 마음이 든다. 일단 1, 2권만 샀다.

관장님이 애로사항을 말한다. 오빠가 판권을 가지고 있는데 책 출간을 안 하려고 해서 고충이 많다며 일반 서점에는 책이 없다고 한다. 영화를 만들겠다는 사람들이 있는데 절대 허락을 안 해서 못 만든다고 하였다. 최씨 문중에서 그만큼 금기시하는 내용인가 싶었다. 오죽하면 파문까지 했으랴. 소설이라곤 하지만 혹 가족사를 썼을까?

집에 오면서 아녜스 자매한테 전대사 기간이 곧 끝나니 내일 황새바위순교자 성지에 같이 가자고 하였다. 나는 정채봉 선생님을 위해서, 자매는 최명희 작가님을 위해서 기도를 해드리자고 하였다. 두 분들을 위해서 여러 사람들이 기도해 드렸겠지만, 그러면 또 받으시는 기도는 불쌍한 영혼에게 양도해 드린다고 하니 얼마나 좋은 일이냐고 하였다. 무슨 일인지 혼불 문학관 안에서 아녜스 자매는 등이 오싹 하였다고 한다. 아마도 기도해 달라고 깨우침을 준 게 아닐지, 두 분 선생님이 기도를 받기 위해서 우리들을 정말 우연찮게 문학관으로 초대하신 것만 같다. 하느님의 섭리는 오묘하시기만 하다.

『혼불』 소설에서 작가의 역량이 대단 하다는 것을 거듭 느끼며 읽었다. 문학관에서 본 여러 문학상들을 타신 경력이 말해 주는 것 같다. 모든 상황을 표현한 한 문장, 한 문장에 감탄을 금치 못하였다. 더욱이나 남도 말로 쓰여 진 감칠맛 나는 대화들이 너무나 재미있다. 모르고 있던 일제강점기의 이야기들도 그 소설에서 배웠다. 그냥 읽고 흘려버릴 소설이 아니었다. 역사적 가치가 있다. 기회가 되는대로 전 10권을 다 읽어보려고 한다. 10권까지가 대단원의 막을 내린 게 아니라고 한다. 더 써야 하는데 작가가 돌아가셔서 미완성인 채로 끝이 났다고 하였다. 『혼불』 쓰는 데만 17년이 걸렸다. 육체도 정신도, 그 『혼불』에 다 빼앗겨서 절명하셨나 보다. 수필집도 여러 권을 내셨다고 하여 꼭 읽어보려고 한다.

오늘의 모든 일정에 함께한 요한, 아녜스 부부의 동행이 있었기에 가능한 일이었다. 이번 전대사 기간에 여러 성지를 동행해주셔서 감사하다.

'하느님! 감사합니다. 세세대대로 찬미영광 받으소서. 아멘!'

(황새바위 순교자 성지 11.14)

어머니를 만나려고

서너 살 아래였던 조카 용남이와 친구처럼 지냈다. 초등학교는 거의 같이 다닐 정도로 우리 집에서 살 때가 더 많았었다. 봄에 모내기를 하기 전이면 논에 물을 조금만 담아 놓는다. 학교가 끝나면 논에 들어가서 우렁이를 잡느라고 시간 가는 줄도 몰랐다. 몇 마리나 잡아서 집에 가지고 갔는지는 전혀 기억에 없다. 고사리 손으로 잡지도 못하고 자박한 물에 발을 담그고 부드러운 흙을 밟고 다니는 것이 즐거워서 아이들 틈에 끼어서 다닌 것만 같다. 한참 재미있게 우렁이를 찾아서 황새처럼 경중 걸음으로 물속만 보며 걷는데 작은 아버지가 뛰어오시더니 용남이한테 빨리 숙성리 엄마한테 가보라고 하신다.

석유난로에 불을 켠 채로 석유를 넣다가 난로가 넘어져서 불이 나는 바람에 얼굴과 손등에 심한 화상을 입었다고 하였다. 어른들은 다 가셨는지 아무도 없어서 조카와 둘이 꽤 먼 곳을 뛰어서 갔다. 언니는 얼굴에 하얀 붕대를 감아 놓아서 미라처럼 무서웠고 손등도 흉하게 싸매 놓았다. 조카는 1학년이어서 철이 없을 때라 그랬는지 무섭다고 엄마 옆에도 가지를 않았다. 언니의 손등에는 그때의 화상자국이 평생 남아 있었다.

조카가 네 살 때에 6.25가 터졌다. 그때에도 언니가 우리 집에 피난을 와서 있었다. 어느 날 추운 밤에 흑인병사가 담을 넘어 들어왔다. "색시 있어?" 하며 성능도 좋은 손전등으로 방 안을 좌악 비친다. 제일 젊었던 언니가 총알같이 튀어나가 사촌네로 도망을 쳤다가 단숨에 쫓아간 병사에게 붙들려 왔다. 붙잡혀 가다가 병사의 손등을 물어서 잡힌 손을 뿌리치고 안방으로 뛰어 들어와 아들을 무릎에 안았다. 이런 아이의 엄마라고 손짓 발짓으로 사정을 하며, 아들이 울어주기를 바랐지만 그럴 기색이 없자 궁둥이를 꼬집고 때리고 해도 엄마! 하다간 그치고 울지를 않아서 애를 태웠었다. 피난민까지 있는 많은 사람들이 하도 아우성을 치자 그 흑인병사는 보초 서던 군인을 데리고 슬그머니 가버렸었다. 형제들이 모이면 언니가 꽁꽁 언 눈길을 맨발로 도망 다닌 이야기를 하며 재밌어 하였다. 아무 일도 없었기 때문에 후일담도 할 수가 있었다.

그러다가 조카가 군대에 다녀오고, 나도 결혼을 해서 자주 만날 수가 없었다. 원주에 있는 아가씨와 결혼 말이 오가더니 어느 초여름에 약혼식을 하러 원주로 가게 되었다. 신부 댁을 향해서 가는 길 양옆에는 꽃들이 피어있고 논에는 모들이 자라고 있었다. 돌멩이로 징검다리를 만들어놓은 냇물도 건너며 싱그러움으로 가득 찬 들길을 걷는 일이 얼마나 즐거운지, 수채화 같은 풍경도 카메라에 담으며 조카를 앞세우고 언니들과 행복한 나들이를 하였다. 조카의 약혼식에 가는 길이 우리들에게는 행복한 추억이 되었다.

말끔하게 정리가 된 신부 댁 대청마루가 높다. 양가 가족이 빙 둘러앉아서 예물교환도 하고, 나는 그 행복한 모습들을 카메라에 담느라고 바빴다. 좋은 날을 택해서 결혼 날짜도 잡았다. 집에 돌아오자 바로 사진을 뽑으러 갔다. 카메라를 열어본 주인이 "필름이 안 들어 있네요. 필름도 없는 빈 셔터만 누르셨습니다." 한다. 털썩 주저앉을 정도로 눈앞이 캄캄하다. 이 일을 어찌면 좋을지, 조카가 얼마나 실망할지 대책이 서질 않는다. 죄인이 된 사람처럼 상황 설명을 하였더니 조카도 언니도 그럴 수도 있지 걱정하지 말라고 한다. 지금도 그때의 생각만 하면 어딘가로 숨고 싶다.

결혼하면 운영하려고 어렵게 자금을 마련해서 양화점을 차렸다. 설상가상으로 개업식이 끝난 날 밤에 도둑이 들어서 구두 한 켤레 남기지 않고 몽땅 쓸어갔다. 조카의 실망이 얼마나 컸을지, 나도 감당이 안 되어서 발만 동동 구르던 생각이 난다. 도둑은 아는 사람이었지만 잡아다가 벌을 줄 수도 없어서 애만 태웠을 뿐이다. 지금도 그때 생각만 하면 조카가 불쌍해진다.

여러 가지 복합적인 일들이 심신을 약하게 만들었는지 그 후로 시난고난 앓다가 예정된 결혼 날짜가 되기도 전에 떠나고 말았다. 언니는 군대에 가서 얻은 결핵이라고 하지만 나는 지금까지도 천사처럼 착한 조카가 세파를 이기지 못하고 간 것만 같아서 마음이 아프다. 조각처럼 잘생겼던 모습만 지금도 또렷하다.

올 1월에 언니가 낙상을 하였다. 꿈에 가스불이 켜 있어서 현실로 착각을 하고 급히 끄러 나가다가 침대에서 떨어졌다. 몇 시간을 움직이지 못하고 전화를 걸 수도 없어서 딸이 올 때까지 누워서 고통을 당하셨다고 한다. 언니가 넘어지신 며칠 후 50여 년 만에 조카 꿈을 꾸었다. 언니와 조카를 만나는 꿈이었다. 이튿날도 또 꿈을 꾸었다. 아무래도 언니가 못 일어나실 것만 같다는 불길한 마음이 든다. 그러고 보니 조카를 위해서는 전대사기도를 안 해주었다는 생각이 들었다. 그동안에는 꿈도 꾸지 않았으니 전혀 생각도 안 났었다.

꿈을 꾼 날 강경에(익산) 있는 나바위 성지로 달려가서 기도를 했다. 자기가 먼저 기도를 받고 하늘나라에서 엄마가 오기를 기다리려고 꿈에 보인 것 같았다. 오묘한 이치를 어떻게 알리오만 많은 영혼들을 위해서 기도를 하다 보니 그런 느낌을 받았다. '하느님을 모르고 살다가 간 것 때문에 하늘나라에 못 들어가고 고성소에 머무르고 있었나?' 하는 생각이 든다.

언니가 한 달여 고생하시다가 떠나셨다. 살아계실 때 조카딸이 거의 매년 엄마가 이모들 보고 싶어 한다고 초대를 해서 원주까지 가면 언니는 동생들 만나서 기뻐하고 우리들은 조카를 따라서 다니기만 하면 되었다. 언니는 너희들 때문에 좋은 시간 보낸다고 행복해 하시고 우리 세 동생들은 언니 덕으로 이런 호강도 한다고 하하하 웃으며 즐거운 시간을 보내곤 했다.

언니가 팔순이 되었을 때는 조카딸이 엄마가 이모들 하고 여행 다니고 싶어 하신다며 금강산 모시고 가려고 하던 계획을 취소하고 네 사람 여행비를 넉넉히 주어서 그야말로 콧노래 불러가며 다녔다. 모든 여정이 운전하는 내 손에 달려있어서 여행 코스도 내 마음대로였다. 양평, 진천, 통영, 소매물도, 진주, 큰언니 친구가 계신 성환까지 4박 5일을 돌아서 추억에 남는 여행을 하였다. 실은 여행비가 남아서 5박을 하는 바람에 집에 와서 남편들한테 한마디씩 들었다. 특히 안성 형부가 심하셔서 여행의 기쁨이 사라지기도 하였다.

'다음부터는 언니는 부르지 않고 우리들만 다닙니다.' 하며 삐치기도 하였다. 그 즐겁던 여행이 이미 추억 속으로 사라져간다. 이 때 우리들이 제일 좋아하던 둘째 언니는 이미 안 계셔서 보고 싶은 마음이 가슴 한쪽을 공허하게 만들었었다. 신나게 다니다가도 무심결에 상도동 언니가 있었으면 얼마나 좋았을까를 몇 번이고 되뇌게 하였다.

언니가 넘어지시기 전에 안부전화를 드렸더니 "왜들 그렇게 못 오니? 놀러들 좀 와라" 오매불망 동생들 오기를 기다리셔서 바빠서 못 간다고 하면 섭섭해 하실 것 같아서 "알았어요. 5월에 갈게요." 했었는데 5월이 되기 전에 돌아가시니 날이 갈수록 더 보고 싶고 그리움만 쌓여간다.

92세에 돌아가실 때까지 옆에서 살던 딸이 엄마 기력이 떨어지신 것 같으면 이따금 약을 지어다 드렸을 뿐이다. 그래서일까? 잔병도 없이 잘 지내셨는데 이 세상에서의 생명은 92세까지이었나 보다.

언니의 화장을 지켜보는데 사람이 한낱 흙으로 돌아가는 티끌이지만 살이 타는 냄새가 날아드는 것 같아 너무나 슬프다. 불이 얼마나 뜨거웠으면 한줌의 재로 변해서 나왔는지 그런 현실이 돌아가셔서 못 본다는 아쉬움보다도 더 견디기 어려웠다.

장례 치르고 와서 즉시 성지로 달려가서 기도해 드렸다. 내가 기도해 드렸다고 하는데도 남편도 굳이 처형님 기도해 드리고 싶다며 또 전대사를 봉헌해 드린다. 언니를 만날 적마다 "처형님은 저 연세에 허리도 무릎도 안 아프신지 건강을 타고 나셨다."고 늘 감사한 듯 말했었다.

서정희 안나 언니! 그리웠던 아들을 만나서 회포를 푸셨나요? 홀연히 아들을 떠나보내고 약혼식 때 주고받았던 예물을 되돌려주고 받던 그 심정이 얼마나 아팠을지 새삼 헤아려지며 눈물이 납니다. 이제 지상에 남아 있는 저희들을 위해서 기도해 주세요. 용남이 조카도 이제 어머니 만났을 테니 천국에서 영원한 복락을 누리소서. 꿈에 찾아와 기도하게 깨우쳐 주어서 감사할 뿐입니다.

'하느님, 영혼들을 위해서 늘 기도하게 해주시니 감사합니다. 영원무궁토록 찬미영광 받으소서. 아멘! (2018. 2)

더 아픈 사람을 위해서

아침 기도 중에 라파엘 위해서 묵주신공을 하고 자비의 묵주기도 5단도 라파엘과 어떤 애기를 위해서 바치고 5단은 마음이 아픈 사람들과 육신이 아픈 사람들을 위해서 바치고 있는데, 지향을 두는 환자들이 조금씩 바뀔 때가 있다. 많이 아픈 사람들을 위해서 조금 나은 듯싶은 분들은 이름을 빼고 하는데 며칠 전에 오랜 지인인 친구 남편 그레고리오란 이름을 빼고 이틀을 했다.

월요일에도 '예수의 수난을 보시고 저희와 ○○○와 온 세상에 자비를 베푸소서.' 이렇게 기도를 하는데 그레고리오란 이름이 먼저 튀어나오곤 하였다. 집중을 하지 않아서 입에 붙은 이름이 자꾸 나오나 싶어 정신을 차리고 하는데도 몇 번이고 그런 일이 생겨서 혹시 이분에게 기도가 더 필요한가 싶어서 굳이 빼지 않고 지향을 두었다.

이른 시간이었지만, 친구에게 문자를 넣었다. '경희아빠 치료 끝나셨는지, 많이 아픈 분이 있어 경희아빠 기도를 중단했는데, 그레고리오란 이름이 자꾸 나와서 다시 기도 하고 있어….'

오후에 그레고리오가 돌아가셨다는 전화가 왔다. 새벽 3시경에 돌아가셨다는 전갈이다.

'그동안 기도해주어서 고마웠다고 전대사기도 부탁한다고 계속 생각이 났을까?' 문상 가서 왜 연락을 늦게 했느냐고 물었더니, 문자 받은 게 생각이 나서 정신 차린 후에 전화했는데 전화가 꺼져 있었단다. 그러고 보니 절두산 성당에서 미사 보는 시간이라 전화를 꺼 놓았었다.

이분을 위해서는 장례 전날 전대사를 바쳤다. 그 가족 중에 전대사 성당 찾아가서 기도 바쳐 드리기는 아주 오래 걸릴 것 같아서 하루라도 연옥고통의 단련을 덜 받으라고 내가 부지런을 떨었다. 유가족이 좀 안정되면 다시 기도해 드리라고 해야지. 다른 불쌍한 영혼을 위해서라도 꼭 하라고 당부해야겠다. 이미 전대사를 받으신 영혼은 그 은사가 불쌍한 영혼에게 간다고 한다.

'하느님! 요즘 제가 잘하고 있는 건가요? 다 박 경원라파엘을 위해서입니다. 모든 성인의 통공을 믿으며~'

'하느님의 섭리로 연옥에 있는 영혼이 생존자의 기도를 청하기 위하여 사람에게 나타난다는 것은 믿어도 좋습니다.

죽은 이를 위하여 기도하는 것이 살아 있는 이를 위하여 기도하는 것보다 하느님 마음에 듭니다.

죽은 이는 자신을 위하여 아무 것도 할 수 없기 때문에 이를 구하는 일은 대단히 필요합니다.' 성 토마스

하느님 아버지께서는 연령들을 가족들에게 미사나 기도를 요청하라고 보낸다고 하시더군요.

'갑자기 꿈에 나타나거나, 생각이 문득 문득 나거나 한다지요. 기도 중에도 떠오르고요.' 그럴 땐 그 영혼을 위해서 연미사를 봉헌 드리면서 함께 기도를 드려주어야 한다고 하더군요.

그럼에도 가족들이 모르고, 그냥 지나칠 때는 생전에 알던 지인이나 친척 중에서 연령을 위해서 꾸준히 기도하는 사람들에게 보낸다고 합니다. 연령을 위해서 기도하는 몫을 받은 분들은 금세 알아차리거든요. 달 희님처럼….

좋은 몫을 받고 계신 님. 외손주 박경원 라파엘의 영혼은 외할머니 기도의 은덕으로 천국에서 열심히 뛰어놀고 있을 거랍니다.

힘내시고, 열심히 기도하세요. 그러다보면 아버지께서 경원 라파엘 천사와 소통의 장도 열어주시겠지요.

좋은 신앙체험의 글 나눠주심 감사합니다. -(비티아 2013. 8. 20)

바오로의 해 폐막미사

안성에 사는 손위, 마리아언니가 전화해서 "얘, 너 요새는 절두산 성당에 안 가니?" 하시기에 "왜요? 또 누구 전대사 봉헌하라구요?" 하였더니 웃으며 그래, 우리 동네 지안나 자매라고 돌아가신 지는 꽤 오래 됐는데 불쌍해서, 가족 중에 신자도 없고, 그러니 네가 전대사 봉헌 좀 해드려라. 알았어요. 며칠 내로 가서 전대사 봉헌해 드릴게요.

약속을 지키려고 6월 13일에 절두산 성당에 갔다. 그때 강론 중에 신부님이 성당안과 통로, 또 제대 위 남은 공간까지 넘치도록 많이 모인 신자들을 보며 작년 6월 29일부터 지금까지 많은 분들이 오셨다고 하며 고백성사 주는 어려움을 토로하셨다. 특히 긴 줄을 서서 기다리는데, 고백성사를 다 주지 못하고 끝날 때 오래 서서 기다리던 신자 분들한테 죄송하다는 말씀을 하신다.

어느덧 일 년이 지나고 6월 29일이 폐막미사라고 유종의 미를 거두는 마음으로 꼭 참석하라고 하신다. 월요일 아침 10시에 미사가 봉헌된다고 하였다. 순간 월요일 선약이 있는 게 생각이 나서 잠시 망설여졌다. 그러나 그것도 잠시, 깨기 어려운 약속이지만 폐막미사에 참석하기로 마음을 정했다.

6월 29일, 새벽부터 비가 쏟아지고 있다. 신부님 동상 앞마당에서 미사봉헌 하기는 불가능할 것 같다는 생각이 들었다. 그래서 다른 때는 1시간을 두고 지하철을 탔지만 그날은 더 일찍 서둘렀다. 합정역에 내려서 걸어가는데, 이미 많은 사람들이 부지런히 가고 있다. 나도 성당 안에 들어가 앉아서 미사를 보려면 빨리 가야겠다는 생각이 들어 부지런히 걸어갔지만, 뒤에 오던 사람들이 계속 내 앞으로 지나가고 있다. 15분여를 걸어가는 동안 줄잡아 50여 명이 나를 추월해 가고 있다. 속으로 웃음이 다 나왔다.

내가 이렇게까지 걸음이 느린가 하고 비는 계속 쏟아지고 우산을 쓴 채 걸어가려니 힘도 들었다. 성지에 도착하여 성당으로 올라가는데 어떤 자매님이 성당 안은 꽉 차서 못 들어가니 박물관으로 가라고 한다. 박물관에 들어서니 이미 발 디딜 틈도 없이 꽉 차 있다. 비집고 들어가 보았지만, 그곳에서 미사참례를 하다가는 숨이 막힐 것 같아서 다시 나오는데 들어갈 때보다 나오기가 더 힘들었다.

우산을 쓴 채로 계단에 서 있는데, 신부님도 난감하신지 우왕좌왕 하시는 모습이다. 그러기를 10여 분, 신부님이 한쪽에 서 계신 수녀님들 보고 "우리 그냥 마당에서 미사 봉헌합시다." 하니까 같이 있던 신자 분들이 말이 안 된다는 듯이, "와!" 하며 웃는다. 비는 계속 내리고 또 10여 분이 흘렀다. 답답한 마음으로 하늘을 올려다보니 아니! 비는 내리고 있는데 구름 사이로 하늘이 훤해지는 느낌이 들었다. 그래서 옆에 서있는 자매한테 "10시 안에는 비가 그칠 것 같아요." 했더니, "자매님이 예언을 하시네요. 네! 아멘입니다." 한다.

서성이던 신부님이 빗줄기가 조금 작아지자, 앞장서서 마당으로 내려가셔서 우리도 우산을 쓴 채로 모두 따라 내려갔다. 동상 앞 잔디밭은 물이 흥건하고, 그대로 선 채 10여 분이 지나니 비가 그치고 파란 하늘이 보이기 시작한다. 아저씨들이 곧바로 제대를 꾸미고, 잔디밭에는 두꺼운 비닐을 깔고 그 위에 또 자리를 깔고 앉을 자리를 만들기 시작한다. 9시 30분쯤 되니 언제 비가 내렸냐는 듯이, 파란 하늘에 흰 구름만 흘러간다.

10시 10분에야 염 수정 주교님이 집전하시는 미사가 시작되었다. 걸음이 느려서 늦게 간 덕에, 제일 앞자리에 앉아서 미사를 참석할 수 있었다. 미사 준비를 다 하는 동안에도, 성당 안과 박물관 안에 있는 신자들은 모르고 있다가, 미사 직전에야 다 몰려나와 동상 앞마당이 넘쳐날 정도다. 이런 비유가 맞는지는 모르지만 첫째가 꼴찌 되고 꼴찌가 첫째가 된다는 말이 생각이 나서 웃음이 났다. 실제로 옆에서 그런 말을 하는 자매들도 있다. 성당 안에 있는 사람들은 아무것도 모르고 미사 시간만 기다리고 있나 봐요? 꼴찌로 나오겠네. 한다.

'하느님! 야외미사를 할 수 있게 비를 그치게 해주시니 감사합니다.' 라는 말이 자꾸자꾸 나왔다. 늦지도 이르지도 않게 비를 그치게 해주시니 얼마나 감사한지, 비가 그친 후에 햇볕 이라 그런지 얼마나 뜨겁던지, 미사 중에 얼굴이며 목에서 땀방울이 똑똑 떨어졌다. 처음에는 팔뚝으로 찬물이 떨어져서 빗방울이 또? 하고 놀랐는데 땀방울이었다. 미사가 끝날 때쯤 되니 너무 뜨거워서 그런지 어지러워서 영성체 후에는 나무 그늘로 옮겨서 묵주신공과 전대사 기도를 바쳤다.

오늘 전대사 은사는 나를 위해서 봉헌하였다. 미사와 모든 기도가 끝난 시간이 12시 30분 쯤 되었다. 이런저런 일로 하느님의 현존을 느끼는 하루였다. 어떤 자매가 신부님과 수녀님들이 폐막 미사 때문에 많은 기도를 하셨다고 한다.

얼마나 많은 사람들이 모였는지 돌아 나오는 길도 꽤나 어렵다. 집에 돌아와 보니 양팔이며 얼굴이 벌겋게 탔다.

'하느님! 이왕 봐주시는 거 약간의 구름으로 좀 가려주시지 그러셨어요? 103위성인 시성식이 열리는 여의도 광장에서는 구름이 머리 위까지 내려와 모든 이를 감싸 주셨잖아요?'

정말 그날도 하느님의 현존을 느끼는 하루였다. 구름 속에 떠 있는 해가 성체처럼 보이기도 했고, 십자가 형상도 보여서 많은 이가 감동스러워 했던 일들이 지금도 생생하게 느껴진다.

'거룩하신 하느님! 영원무궁토록 찬미영광 받으소서. 아멘!!'

박경원 라파엘의 치유를 위해서 시작한 전대사 봉헌기도가 이제 끝맺음을 했습니다. 지금도 간간이 생각이 나서 하느님, 그 어린 것을 꼭 데려가셔야만 했습니까? 하고 푸념도 나오고 눈물이 납니다. 지난번 첫영성체 어린이들을 위해서 또 새 신부님 축하미사에서 유빌라떼 성가대가 축가를 부를 때 앞줄에 서서 참새들처럼 아름답게 노래 부르던 아이들을 보며 경원이 생각이 불현듯 나서 또 훌쩍이며 눈물을 흘렸습니다.

'이제 이런 마음도 완전히 치유시켜 주시고, 라파엘천사와 소통하게 해주세요. 아멘.' (절두산 순교성지 2009. 6. 29)

4

일단 펴서 읽어라

- 잠자듯 떠나신 아버지
- 모두가 임종자식
- 까치가 반갑게 짖더니
- 마늘을 거꾸로 심어 놓고
- 대녀(代女)를 만나던 날 (해후)
- 라파엘이 도와준 것만 같다
- 일단 펴서 읽어라

잠자듯 떠나신 아버지

아버지를 집으로 모셔 오려고 입원실에 들어선지 불과 10여 분 만에 떠나신 것이 자손들을 힘들게 안 하시려고 가신 것만 같아서 할 말을 잊게 된다.

결혼해서 분가하기 전에 시댁에 들어가 10여 일을 살았다. 결혼 초기이니 당연히 시아버님을 아버님이라고 불렀는데 2, 3일이 지나서 밥상을 차려 놓고 "아버님! 진지 잡수세요." 하였더니, 상에 앉으시며 "이제부터 아버님, 그러지 말고 아버지라고 해라." 하신다.

처음에는 좀 어색했지만, 그 후부터 자연스럽게 아버지라고 부르게 되었다. 손아래 동서가 네 명인데 다들 나를 따라서 아버지라고 부르고들 있다.

아버지께서는 아침마다 마당에 물까지 뿌려서 쓸고, 일터인 약국을 물걸레로 말끔히 닦아 정리를 하셨는데, 난 그런 아버지의 모습이 너무나 감동스러웠다. 대부분의 남자들한테서는 볼 수 없었던 모습이라 친정에 다니러 가서 엄마한테 처음 한 얘기가 아버지의 청소하시는 모습을 이야기 할 정도로 새삼스러웠다.

시어머님은 그때 천식으로 오래 앓고 계셨다. 셋째를 출산하고 3일 후 부터 밭일을 하셨다고 들었다. 시할머님이 출산 후가 얼마나 중요한 줄을 모르고 밭일을 시키셨는지, 아무튼 그게 고질병이 되어서 환절기만 되면 고생하다가 돌아가셨다. 그런 일 때문인지 남편은 나를 한 달씩이나 산후 조리를 시켜서 고역을 치렀다. 추석 무렵이라 아직은 더울 때인데 내복까지 입고 밖에 있는 화장실도 못 가게 해서 정말 힘들었다.

어머니가 돌아가신 후 아버지가 혼자 시골집에서 몇 년을 사셨다. 서울로 모셔 오려고 해도 서울 가면 답답해서 못 살 것 같다고 오시지 않는다. 약국도 운영하고 대서일도 보시면서 아직은 올라 갈 때가 아니라고 자유롭게 사셨다. 그러나 나는 이따금 아버지를 뵈러 갔다가 돌아올 때면, 꼭 물가에 애를 떼어 놓고 오는 것처럼 마음이 놓이지를 않았다. 약주를 좋아하셔서 식사를 거르실 것 같은 마음이 들어 더욱 편치 않았다. 그러다가 모셔오고 나서는 마음이 얼마나 편한지 걱정거리가 한 가지 줄어든 것처럼 홀가분하기까지 하였다.

우리 집에 오셔서 17년 동안 사셨는데, 그동안 안 하고 사신 기도생활 열심히 하시라고 당부를 드렸더니, 며느리가 마음 상할까봐 그러셨는지 신앙생활을 아주 충실히 하셨다. 자손들이 어려운 일이 생기면 제일 먼저 아버지께 기도 부탁을 하곤 하였다.

돌아가시기 몇 년 전에 아버지 연세가 높으시니 선종기도를 많이 하시라고 하였더니 "그럼 해야지, 하고 있다."고 하신다. 그래서일까 올여름 식사를 조금씩 줄이시더니 죽을 잡수시다가 미음으로, 미음도 넘기기 힘들어 하시더니 오래 고생 안 하시고 하늘나라로 떠나셨다.

사시는 동안 내 일도 많이 도와주셨다. 창문틀까지도 먼지 하나 없이 닦아주셨다. 내가 이따금 운동 가려고 골프가방을 꺼내놓으면, 언제 보셨는지 들어다 차에다 실어 주신다. 그런 중에도 날씨가 좋은 날에는 그나마 다행인데 비가 부슬거리고 오는 날은, 가방 내놓기도 민망스러워서 아버지 몰래 살그머니 가려고 해도 어느새 가방을 들어다 차에 실어주시며 "비가 오는데…" 걱정되어 말씀하시면 난 변명한다는 말이 그곳에 도착하면 비가 그쳐요. 이렇게 말씀드리고 가면 정말 햇볕이 쨍하니 뜨곤 했다. 운동하면서 친구들한테 나 운동하러 올 때마다, 우리 시아버지가 차에다 가방 실어 주신다고 자랑하면 "어머나! 그 할아버지 멋쟁이시다" 하며 부러워들 한다.

아버지는 서울 오셔서 사시는 동안 게이트볼 선수로, 또 심판 자격증까지 따실 정도로 하루도 빠지지 않고 게이트볼장에 가셨다. 그렇게 산으로 다니신 덕분에, 돌아가시기 20여 일 정도만 못하셨다. 돌아가실 무렵에 기력이 쇠하신 것 같아서 이따금 게이트볼장으로 모시러 갔다. 그날도 부지런히 올라가니 입구 쪽에 서 계셨는데 한쪽으로 기울어지게서 계신 모습이 넘어질 듯 위태로워 보인다. 급하게 차를 세우고 태워드렸는데 어찌나 숨을 헐떡이시는지 '아! 아버지가 정말 오래 못 사시겠구나.' 하는 생각이 들어 안타까웠다. 물기라곤 하나도 없는 나뭇가지를 보는 듯 새삼 생로병사의 과정이랄까 아무도 막지 못하는 길을 가실 것 같아서 마음이 무거워졌다.

그러다가 10일간 병원에 계셨는데, 무슨 검사를 하는지 나올 피도 없는데 매일 피를 뽑는다. 그래서 더 많이 힘드셨다. 며칠 후 병원에서는 더 이상 어떻게 할 수가 없는지 다른 요양원으로 모시고 가라고 한다. 8남매가 모두 모여 의논한 끝에 요양원으로 모시기로 하였다. 그러나 아침 기도 중에 이런 생각이 들었다. 부모님이 임종하실 때가 되면 집에 모셔야 하는데 간병이 힘들어서 너 나 할 것 없이 요양원으로 모셔 간다는 게 마음에 걸린다.

이미 돌아가실 분을 요양원으로 모셔다 놓고, 안 돌아가셔서 걱정이라고 말하는 사람들을 많이 보았다. 기계에 의해서 강제로 붙잡아 놓고 마음대로 돌아가실 수도 없게 만드니 '저건 아닌데, 저건 아닌데.' 안타까울 때가 많았다. 그럴 적마다 내가 이웃에게 하던 말들이 있다. 부모님이 노환으로 병중에 계시면 최선을 다해서 모시다 자연스럽게 돌아가시게 해야 된다고, 그래서 나는 힘이 들 거라는 각오를 단단히 하고 집에 모시기로 하였다. 아버지의 병세로 봐서 1주일, 길어야 한 달만 모시면 돌아가실 텐데, 그 수고도 하기 싫어 요양원에 모시고 간다는 게 하느님 보시기에 아닐 거란 생각이 많이 들었기 때문이다. 특히 손아래 시누이 둘이 아버지를 지극 정성으로 간병하고 있었기 때문에 더 용단을 내렸는지도 모른다.

8남매, 아니 사위, 며느리들까지 모두 모여 아버지 방을 말끔히 치우고 내가 시집올 때 가져온 장롱까지 내다 버렸다. 요 위에 비닐까지 깔아놓고 모셔 오기로 작정을 하고 나니, 지혜를 주신 하느님께 감사한 마음이 들었다.

이튿날 아침에 아버지를 모셔 오려고 병원으로 갔다. 입원실로 올라가 아버지를 뵈었는데 뵈러 간 지 10여 분 후에 아버지가 주무시듯 숨을 거두셨다. 아버지가 이상하다고 남편이 의사선생님을 불러왔는데, 환자를 살피던 여의사가 카톨릭 신자였는지 조용히 성호를 긋더니, "운명하셨으니 가족들을 부르세요." 한다. 돌아가실 거라고 생각은 하고 있었지만, 이렇게 빨리 가실 줄은 몰랐다. 더 이상 자식들을 힘들게 하는 게 싫으셨는지, 잠자는 것처럼 하늘나라로 가셨다.

장례식에 왔던 주위 친구들이 그동안 시부님이 어디서 사셨느냐고 묻는다. 우리 집에서 17년 동안 사셨다고 했더니 많이 놀란다. 그런데 왜 한 번도 시아버지 얘기를 하지 않았느냐고 한다. 홀시아버지 모시고 살면서 힘들다는 푸념을 한 번도 안 했는지 묻는 것 같았다. 내가 웃으며 우리 아버지는 나를 힘들게 하지 않고 오히려 도와주셨다고 하였다. 그럴 수도 있는 건지 모두들 고개를 갸우뚱한다.

손위 언니가 네가 아버님을 집으로 모셔 오려고 한 것이 하느님 보시기에 좋으셔서 하늘나라로 모셔간 것 같다고 한다. 요양원으로 가셨으면 마음대로 돌아가시지도 못하고 고생하셨을 거라며 어떻게 그런 생각을 하였느냐고 대견해 한다.

고향 뒷산에 아버지를 잘 모시고 난 후에 며칠이 지나서 남편이 한마디 한다. 그동안 좋아하던 노래도, 휘파람도 못 부르고 살았는데 이제는 맘껏 부르며 살라고 한다. 아버지가 처음 오셨을 때 집에 계시다는 걸 깜박 잊고 설거지를 하면서 평소처럼 「어린 날의 추억」을 휘파람으로 신나게 불고 있었다. 그런데 산에 가려고 나오신다. 민망스러워서 자라목을 한 이후로는 노래도 휘파람도 부르지 않고 살았다. 다시 불러질지 시도해 봐야겠다.

요즘 매일 아버지 영정 앞에서, 돌아가신 분을 위해서 하는 연도를 바친다. 선하게 사셨으니 우리들이 바라는 대로 하늘나라에서 평화를 누리고 계실 것이라 믿고 있다.

모두가 임종자식

아버지가 노환으로 돌아가실 때이다. 조카딸이 결혼을 하는 날이어서 어머니만 아버지 곁에 계시고 다른 가족들은 모두 서울에 가서 없었다. 그날, 아침도 아니고 저녁때인데 까치들이 다 모인 듯, 우리 집을 에워싼 채 까악 깍 울며 집 주위를 맴돌았다고 한다. 다 저녁때에 까마귀도 아니고 까치들이 저 난리인가 걱정이 되었다고 하셨다.

아버지가 임종하실 것 같아서 애들도 없는데 어떡하나 걱정하고 있는데 마침, 작은아버지가 오셔서 두 분이 아버지의 임종을 지키셨다고 한다. 70년대에 80세가 넘어서 돌아가셨다고 사람들이 호상이라고 하였지만, 임종 자식 하나 없이 돌아가셔서 더 슬펐었다.

결혼식이 끝나고 집에 돌아왔을 때, 아버지가 돌아가셨다는 전갈을 받고 세 들어 사는 것도 아랑곳없이 얼마나 소리 내어 통곡을 하였는지 집주인 정음전 할머니가 나를 달래느라고 애를 쓰셨다.

"유진 어머니, 그만 울고 집에 갈 채비를 해야지요."

그날 아침에 무슨 일인지 장롱 문 한쪽이 떨어졌었다. 아버지가 나 때문에 많은 고생을 하셨는데 임종도 못한 것이 못내 아쉬움으로 남아 있다. 그리고 서울 우리 집에 친정 작은아버지까지 다녀가셨는데, 아버지는 시력을 잃으셔서 우리 집에도 다녀가지 못하신 것이 너무나 슬펐다.

초등학교 1학년 때 6.25가 터졌다. 학교를 못 가다가 몇 개월 만에 다시 학교에 갔다. 온통 잡초밭이 된 운동장에 풀을 뽑으라고 하여 고사리 손으로 풀을 뽑았다. 어쩌면 1학년까지 풀을 뽑으라고 시켰는지, 집에 오는 길에 아이들이 나를 보더니 깜짝 놀라며 입술이며 눈이 퉁퉁 부었다고 호들갑이다. 얼굴이 가려워서 더러운 손으로 얼굴을 만졌더니 풀독이 오른 것이다. 몇십 년 동안 나를 힘들게 한 피부병이 될 줄은 상상도 못했다.

그 후론 봄에 풀들이 돋아 날쯤이면 내 가려움병도 같이 시작이 되곤 하였다. 학교도 못 갈 정도로 피부에 염증까지 생겨서 해마다 여름방학 끝날 때까지 집에만 있어야 했다. 그런 나를 아버지가 좋다는 병원이고 한약방이며 데리고 다니시느라 고생이 많으셨다. 어머니는 봄만 되면 나를 데리고 먼 곳까지 온천에 가는 일이 연중행사였다.

결혼하기 전까지도 그 증세가 남아 있었다. 어머니가 예비사위에게 내 병의 증상을 말해주며 봄이면 온천에 다녀와야 한다고 부탁하신다. 다행이도 한의사 남편을 만나는 바람에 그 지긋지긋한 피부병에서 해방이 되었다. 봄에 약을 몇 첩 달여 먹었는데 그 증상이 재발되지 않았다. 언니들이 나를 볼 적마다 남편 잘 만나서 어려운 병에서 벗어났다고 한마디씩 한다.

장례날 어머니가 떠나는 상여를 잡고 '먼저 가서 계시면 3년만 있다 따라가리다.' 하며 눈물을 훔치시더니 말씀하신 대로 3년 만에 돌아가셨다. 아버지와 나이 차이가 많아서 돌아가실 때가 아직 아닌데 병석에 누운 지 한 달 만에 하늘나라로 떠나가셨다.

아버지가 돌아가실 때 너무 쓸쓸하게 돌아가셨다고, 당신은 자식들을 다 불러놓고 죽고 싶다고 이따금 말씀하시더니 그 바람대로 7남매가 다 모였을 때 돌아가셨다. 7남매뿐이 아니고 한 마을에 사는 조카들까지 발치까지 모아놓고, 임종경을 읽으며 기도하는 가운데 조용히 돌아가셨다. 난 그날 처음으로 임종하는 모습을 다 지켜보았다. 숨 쉬시는 게 점점 잦아들더니 서서히 심장도 멈추고, 따뜻하던 손이 차가워진다. 차츰차츰 발끝까지 차가워지더니 오른쪽으로 고개가 약간 기울어지면서 편안하게 숨을 거두셨다. 우리 딸들이 울음을 터트리자, 호랑이 오빠가 천당 가시는 길 막는다며 못 울게 해서 울지도 못하고, 모두 한 마음으로 돌아가신 후에 하는 기도를 해드렸다. 물론 수세도 잘 거두어들였다.

'하늘의 천사들이여 오소서. 저희 어머니 가타리나의 영혼을 아브라함 품으로 모셔가소서. 하느님, 저희 어머니의 영혼을 받아주소서.'

돌아가시기 직전에 이틀인가 어머니를 지키고 있던 오빠가 급한 회사일이 있다며, "어머니, 빨리 서울에 다녀오겠습니다." 하니까 손을 저으며 못 가게 하신다. 또 둘째 언니가 입원한 딸을 혼자 두고 왔는데 잠깐 보고 오겠다고 하자 빨리 다녀오라고 손짓을 하여서 단숨에 서울을 갔다 왔다. 언니가 딸을 보고 온 그 밤에 방안으로 자식들을 다 모아놓고 돌아가셔서, 모두 임종 자식들이 되었다.

아직 정신이 있을 때에 우리 딸들한테 너희들, 나 죽으면 슬프다고 굶지 말고 끼니 챙기며, 상주 노릇하라고 이르셨다. 돌아가시는 순간까지 자식들 걱정을 놓지 못하셨다. 부모에게 자식은 영원한 애물단지들인가 보다.

산소에 꼭꼭 묻어드리고 와서 정리를 하다가 보니 장례 동안 켜 놓았던 초가 날아가는 새 모양을 하고 녹아내려 있었다. 70여 년의 희노애

락(喜怒哀樂)의 삶을 마치고, 한 마리 새가 되어 하늘나라에 가신 것처럼 느껴져서 감사하다.

하늘에 가셔서도 어머니의 기도는 끊임이 없나 보다. 지금까지도 어머니의 꿈을 꾼 날이면 좋은 일이 생긴다. 첫 번째 홀인원할 때도, 『수필문학』 등단할 때도, 어머니 꿈을 꾸었다.

까치가 반갑게 짖더니

어제 새벽에 아침기도를 마치고 부엌에 나왔는데, 창밖에서 까치 짖는 소리가 세 번씩 세 번이나 어찌나 선명하게 들리는지, 누군가 반가운 사람이 올 것만 같아 공연히 기분이 좋아졌다. 그리곤 잊어버렸다.

뾰롱 하고 문자가 들어온다. 누굴까?

'저는 지난주부터 성당 나갑니다. 다시 열심히 영적 생활하게 기도해 주세요. 경원이 위해 기도 지속'

그야말로 몇십 년 냉담자인데 이런 문자를 받으니 너무나 기쁘다. 냉담자인 채로 경원이 기도 꾸준히 하고 있는 거로 알고 있는데 이제 더 힘이 되는 기도가 될 것 같다.

'아침에 까치가 너무나 선명하게 짖어 무슨 반가운 소식이 오려나. 기대했더니 씽히였네. 하느님께 감사~'

'후후 그랬어요? 흔들리지 않고 심지 굳게 눈감는 순간까지 하느님 품 안에 있도록 기도해 주세요.~'

'사람한테는 흔들려도 하느님께는 어떠한 상황에서도 마음을 바꾸면 안 된다는 게 내 마음 가짐이야. 절두산 미사에 가려고~'

'기도 중에 생각해주세요.'

'그럴게'

미사 중에 정말 기억이 되었다. 냉담 중에도 경원이 기도 꾸준히 하더니 하느님이 축복해 주셨나 보다는 생각이 들며 성모상 앞에 그녀를 위한 촛불 봉헌도 하였다. 기도하고 미사 후에 문자를 넣었다.

'하느님! 오랫동안의 냉담에서 벗어나 하느님께로 회두한 홍 글라라에게 영육간 건강 허락하소서.'

'찬미 예수님!! 감사합니다. 첫 발 딛는 신자 같아요. 빅 딜레마인 고백성사 잘 할 수 있게'

'아직 고백성사 전이야? 몇십 년 냉담자입니다. 하면 끝날 텐데'

'지난주 못했고 저도 그렇게 하려고요. 근데 처음 성사볼 때 하는 기도문 지금도 하나요?'

'고백소 옆에 붙여져 있을 거야~'

'알겠어요. 잘해 볼게요. 경원이는 음식 제 힘으로 넘기는지요?? 더 열심히 기도할게요.'

'한 번도 일어나보지도 못하고 기운 없이 누워 있는 게 너무 안 먹여서 그런 것 같아서 마음이 아파 7일째 안 가고 있어~'

'그래도 병원에 있는 거 보담 훨 낫잖아요. 하루 이틀에 끝나지 않을 긴 여정이니 힘내세요.'

'바람이 많이 불고 쌀쌀하네요. 감기 조심 하시구요. 오랜 냉담 기간 풀고 미사 보러 들어갑니다.'

'하느님, 이 모든 오고 간 말들이 다 기도가 되어 하느님께 봉헌되게

하소서. 아멘.'

전혀 예상도 못했던 문자를 받고 너무 감동해서 '하느님 감사합니다.'만 되풀이 하였다. 미숙동 사람들 카페 회원 중인 미숙사랑님의 문자이다. 더 힘이 되는 기도가 될 것 같아서 감사할 뿐이다. (2008. 11)

마늘을 거꾸로 심어 놓고

온누리가 새하얀 눈으로 덮여 있는 섣달 스무날에 종일 비가 오고 있다. 아직 봄은 멀었건만, 겨울비가 봄비처럼 내린다. 산에도 들에도 마늘 밭에도 흩뿌리지 않는 조용한 비가 하염없이 내리고 있다. 저녁나절이 되니 쌓여 있던 눈들이 모두 사라지고 땅 위엔 금방이라도 봄이 올 것만 같은 기운이 서린다. 마늘 밭을 살피니 눈이 다 녹아내린 땅 위로 아직은 어설프게 자리 잡은 마늘쪽들이 보인다. 제법 뿌리가 내려있다. 새삼 생명의 귀함을 느끼며 들어난 뿌리들을 흙으로 덮어 주었다.

작년에 배추를 뽑은 자리에다 동생이 양념으로 쓰라고 준 마늘을 쪼개서 연습 삼아 백여 쪽을 심었다. 평생을 농사를 짓는 언니에게 전화해서 어느 쪽을 땅 속에다 심는 건지 묻고 물어서 심어 놓고 싹이 틔었는지 아침마다 들여다보았다. 무씨를 심어 놓고 3일 만에 싹이 트는 걸 보며 '와!' 하고 탄성을 지른 때처럼 마늘 싹도 그렇게 나올 줄 알았다.

그런데 사흘은커녕 1주일, 열흘이 지나도 싹은 돋아날 생각을 안 한다. 내년 봄에나 싹이 나려나 보다 하고 체념을 하고 있었다. 보름쯤 지나고 나서 동생 내외가 김장을 해주러 왔다. 마늘 밭을 보더니 "왜 마늘을 거꾸로 심었어요?" 한다. 깜짝 놀라서 살피니 뿌리 쪽이 하늘을 향해서 모두 서 있다. 묻고 물었건만 반대로 알아듣고 거꾸로 심은 모양이다. 동생네가 안 왔으면 거꾸로 심은 채로 겨울을 날 뻔했다. 그러면서 싹이 안 난다고 애만 태웠을 것이다. 지금이라도 알았으니 얼마나 다행인가 싶어 다시 다 돌려서 심었다. 어릴 때 부모님을 도와서 마늘을 심은 기억이 있건만 어쩌면 그렇게도 생각이 안 났는지….

그랬던 마늘이 땅속으로 뿌리를 내린 것이다. 이제 완연한 봄이 되면 파란 싹이 고개를 내밀겠지. 그날이 언제쯤일지 마냥 기다려진다. 작년 8월에 무씨를 심어 놓고 3일 만에 싹이 트는 걸 보며 새 생명을 만난 것처럼 경이롭기까지 했었다. 깨알만한 씨앗이 터져서 무거운 흙을 헤치고 솟아오른 것이다. 분명 채소가 자라는 시골에서 어린 시절을 보냈건만 그때는 그냥 무심히 보았나보다. 당연히 그렇게 크는 것이려니 하고, 그랬는데 지금은 풀 한 포기도 무심히 보아 넘길 수가 없다. 배추, 무 자라는걸 보며 얼마나 기분이 좋은지 아침만 되면 오늘은 얼마나 컸을까 보러 나간다. 긴 외출을 했다가도 어린아이를 집에 두고 나온 날처럼 서둘러 들어오게 된다. 정말 하루가 다르게 자란다. 한여름 폭염 속에서도 새벽에 나가 보면 낮에는 후줄근하던 채소들이 파릇파릇 생기를 띄고 있다. 밤새 내린 이슬을 흠씬 머금은 까닭이다. 자연의 이치에 감사하다.

며칠 전 읽은 마르코 복음서에 있는 말씀이 새삼 가슴에 다가온다. 수십 번도 더 들었을 그 말씀이 이제야 귀에 들어오는 까닭은 몇십 년 만에 시골에서 살아가는 때문인가 보다.

'어떤 사람이 땅에 씨를 뿌려 놓으면, 밤에 자고 낮에 일어나고 하는 사이에 씨는 싹이 터서 자라는데, 그 사람은 어떻게 그리 되는지 모른다.'
- (마르코복음 4장 26~27절)

사람들이 시골서 사는 게 어떠냐고 묻는다. 심심하고 외롭지 않느냐고, 행여나 걱정이 되어 묻는 이런 전화가 참 이상하게 들린다. 그래서 대답해 준다. 복잡한 서울을 떠나서 사는 이곳 생활이 열 배로 행복하다고, 열 배씩이나? 하며 놀란다. 지금이라도 서너 평 남짓한 밭을 가꾸며 산다는 것이 늦복이 터진 거라는 말을 덧붙이게 된다.

이제 봄이 되면 모든 종류의 채소, 토마토, 상추, 고추 등 시장에 가서 둘러보며 나와 있는 모종들을 서너 포기씩만 사다 심어놓고 채소들이 자라는 모양을 보며 함박웃음으로 하루를 열리라. 그리고 세월따라 점점 퇴색되어 가는 내 마음도 채마밭처럼 푸르게 가꾸고 싶다. 아! 벌써부터 행복하다. (2012. 12)

대녀(代女)를 만나던 날 (해후)

어느 날 본당 수녀님이 예쁜 아가씨를 소개하며 영세 받을 때, 대모가 되어주고 혼배 증인까지 서라고 한다. 수녀님의 부탁으로 우연히 대모가 되고 결혼식에서 혼배 증인까지 섰으나 그 후에 이사를 갔는지 본당에서 보이질 않아 잊어버리고 있었다.

영세 받기 전에 잘 몰랐던 대녀여서 더 무심하게 지냈다. 몇 년이 지난 후에 미사가 끝난 후 층계를 내려오는데, 누군가가 앞으로 다가서면서 "대모님! 안녕하셨어요?" 한다. 누구지? 의아해서 쳐다보니 웬 낯모르는 여자가 서 있다. "누구신지…. 사람을 잘못 본 것 같은데요?" 했더니 "모니카 대모님이시잖아요, 저 율리안나에요." 한다. 아직도 기억은 희미하지만 더 모른다고 할 수가 없어서, "아! 참 그렇지요…" 손을 마주 잡으며 기억을 더듬어 보니 생각이 난다.

결혼식 때 그 예쁘던 모습은 다 어디로 가고 지금은 힘든 모습으로 나타난 대녀, 그동안 어디서 무엇을 하며 지냈느냐고 물으니 어디에선가 화원을 하며 지낸다고 한다. 아이들도 어리고 힘들게 지내는 것이 보이는 듯하다. 차나 같이 마시며 지난 일이나 얘기하자고 했더니 다음에 꼭 찾아오겠다고 하더니 어디로 간 걸까? 또 보이질 않는다. 늘 궁금하게 생각하며 몇 년이 지났는데 요즈음 들어서 부쩍 그 대녀의 모습이 떠오르며 지금은 형편이 좀 나아졌는지, 신앙생활은 제대로 하고 있는지 걱정이 된다. 그때, 사람을 잘못 보았을 거라며 반겨주지 못한 것이 자꾸 마음에 걸린다.

그랬는데 지난 주일날 미사 도중에 '서로 축복의 인사를 나누십시오.' 하는 시간에 양 옆 사람에게 진심으로 축복합니다. 인사를 하고 뒤돌아 "진심으로 축복합니다." 인사를 건네는데, "대모님! 안녕하세요?" 하면서 손을 잡는 사람이 있다. 누굴까? 마주 인사를 하는데 이게 웬일인가 요즈음 늘 생각하며 어떻게 하면 소식을 알 수 있을까 걱정하고 있던 대녀였다. 얼마나 반갑고 감사한지 눈물이 쏟아져서 성가가 두 곡이나 끝나도록 입을 다문 채, 하느님께 감사의 기도를 드렸다.

그날 만난 이후엔 이따금 소식을 주고받으며 지냈다. 우리 아이들 결혼식에도 참석해 주어서 어느 친지보다 반가웠다. 지금은 합정동 자기 집 작은 한옥에서 깔끔한 시골 음식으로 사람들의 입맛을 돋우어 주며, 신앙생활도 착실히 하고 있어서 감사하다. (1980. 5)

라파엘이 도와준 것만 같다

엄마를 늘 근심 속에 살게 하던 큰언니네 조카가 일을 하러 간 후에 언니와 통화가 되었다.

"언니! 그렇게 좋은 일이 있으면서 전화 한번을 안 해요? 우리는 그런 줄도 모르고 계속 9일 기도를 했잖아요. 어찌 되었든 언니 짐좀 벗었네. 그러고 나가서 전화도 없어요?"

"아니다. 생전 그런 일이 없는데 이번에는 전화를 해서 잘 있으니까 걱정하지 말라고 하더라."

"언니! 우리도 늘 기도하니까 언니도 내가 드린 테이프도 열심히 듣고, 집에서 많이 지내세요. 옆집에 가야 남들 흉만 본다며?…. 그리고 언니! 말따네 아들이 30이 훨씬 넘은 거 같은데 그 애를 위해서도 기도해야지요. 언젠가 언니들은 아들 딸 다 결혼시켰다고 어쩜 우리 아들한테는 신경도 안 쓴다고 서운해 하던데요. 언니도 같이 기도해 주세요."

9일에 막내동생네 아들이 좋은 배필 만나기를 기도해야겠다고 마음먹고, 케냐 딸네 집에 갔다가 6개월 만에 돌아온 동생한테 문자를 보냈다.

'네 아들을 위해서 기도하려고 한다. 너는 일 년 열두 달 기도하는 것으로 알고 있다만 같이하자.'

'언니 고마워요. 좋은 사람 만나게 되겠지요?' 한다.

'그럼 얘, 우리들 관점에서 늦었다고 생각하는 거지 좋은 짝 만날 거다. 걱정하지 마….'

며칠이 지나고 그날도 아침에 기도를 하는데 그 조카가 더욱 생각이 나며 기도가 더 잘 되었다. 하루 빨리 좋은 사람 만나야 될 텐데 하는 마음으로, 그래서 동생과 그동안 큰언니가 아들 때문에 고생한 얘기며 9일 기도 한 일 등 이런저런 이야기들을 나누다 큰언니가 아들이 일하러 갔는데도 말을 안 해주어서 우리들은 무작정 기도하였다고, 어쩜 그럴 수가 있느냐고 하니까 동생이 웃으면서 난 큰언니 마음을 알겠단다.

언니들이 기도 더 하라고 그런 거지요. 그래도 말이 안 된다. 알았으면 감사기도를 더 하지. 하였더니 아유 나도 얘기해야 되겠다며 실은 언니가 기도하자고 문자 보냈을 때, 이미 아들이 아가씨를 만나고 있었단다. 그리고 그날 양가가 상견례를 하는 날이었는데 언니들 기도 더 하시라고 그냥 말 안했다고 한다.

"뭐라고? 아가씨가 있다고? 이렇게 좋은 일이 있을 수가, 너무 너무 잘됐다. 세상에! 만나는 사람이 있었단 말이지?"

같은 사무실에 있는 아가씬데 사회복지사고 집안도 아주 열심인 구교우 집안이라고 한다. 어찌나 좋은지 그야말로 기분이 날아갈 것 같다.

상견례한 날이 9일이라면 그럼 기도하기로 마음먹고 문자 보낸 날이네. 아주 미리 예비해 주셨구나. 라파엘 하늘나라 보내고 나도 그런 지향으로 기도하며, 라파엘천사한테도 1년을 하루같이 너를 위해 기도해준 이모할머니네 아들을 위해서 기도해 달라고 청원했단다.

한참 좋아하다 보니까 동생한테도 좀 황당하다는 생각이 들어서 그런데 그 말을 왜 인제 하느냐고 면박을 주니 나도 언니들이 기도 많이 하시라고 그랬단다. 좋으면서도 옆에 있으면 한 대 쥐어박고 싶었다.

라파엘이 아플 때 조금만 열이 나고 힘들어 하면 '말따야, 기도해라. 라파엘이 상태가 안 좋다.'고 문자를 보내면 '지금 기도하고 있어요. 잊지 않고 하려고 계속 9일 기도를 하고 있어요.' 한다.

냉담자의 기도를 더 잘 들어주실 것 같아서 냉담중인 남편하고도 같이 하라고 하였다. 그랬더니 같이 한다며, 라파엘 기도하고부터는 매일 미사에도 다녀요. 기도할 적마다 무릎 꿇고 라파엘 엄마의 심정으로 기도한대요. 한다. 1년을 그렇게 기도해 주었다. 너무 고마워서 '경원이가 일어나는 날, 너희 집에도 하느님의 축복이 내릴 거다. 너의 가장 큰 바람이 아들 결혼이니 꼭 좋은 사람 만날 거다.' 하는 문자를 보냈었다. 그 후에 제부는 쉬는 자에서 하느님께 돌아와 다시 돈독한 신앙생활을 하고 있다.

라파엘이 아플 때 동생내외는 케냐 딸네 집에 가서 있을 때였다. 그곳에서도 꾸준히 기도를 할 때인데 어느 날 경원이 만난 꿈을 꾸었다고 한다. 경원이가 하늘나라 갈 때였다. 가기 전에 여러 사람이 꿈에 경원이가 찾아왔었다는 이야기들을 한다.

'저 이제 하늘나라 갑니다. 그동안 기도해 주셔서 고맙습니다.' 하며 고마움의 인사를 한 것만 같다.

그 후에, 경원이는 갔지만, 하느님께 기도하게 된다.

'하느님! 저희들 모두가 이렇게 하느님께 기도드리기를 원하고 있습니다. 저희들의 부족한 기도를 늘 좋은 것으로 채워 주시니 감사합니다.'

이 글을 정리하고 있는 지금 조카는 아들이 벌써 초등학생이다.

일단 펴서 읽어라

전원 신부님이 우리 본당에 오시면서 강론 때마다 두레, 소공동체라는 단어들을 말씀하시곤 하였다. 두레? 소공동체? 이해는 되었지만 그래도 구역이나 반모임보다는 어색한 단어들이다.

두레하면 어린 시절에 추석이나 농한기 때가 되면 동네 청년들이 모여서 장구 치고 북 치고 꽹과리 치며 신명나게 놀던 두레패들이 생각난다. 누구든지 꽹과리나 장구만 잡으면 누구한테 배울 것도 없이 그야말로 일사천리로 장단을 맞춰서 넓은 마당을 종횡무진 휘돌아 쳤다. 그리고 지금처럼 네 명만 하는 사물놀이가 아니고 마당 한가득 모여서 꽹과리며 징이며 치고 다녔고 특히 상모돌리기는 누구든지 다 상모잡이가 되어 신명난 모습들을 보여주었다. 그 기다란 줄을 목만 까딱까딱 하며 원을 그리는 게 신기해서 시간 가는 줄 모르고 구경했었다.

동네 사람 모두가 즐거운 구경꾼이 되어 몇 시간씩 구경했다. 그런데 그 멋지던 동네 청년들이 지금은 거의 다 돌아가시고 몇 분 안 계신다. 하기는 그 당시 조그만 꼬마로 올망졸망 모여서 구경하던 우리들이 70을 바라보는 할머니로 변해 있으니 당연한 일이지만 보고 싶어지는 오빠들이다.

지금 같았으면 그 멋진 장면들을 사진으로라도 남겨 놓았을 텐데 그런 사진이 한 장도 없다는 게 아쉽기까지 하다. 지금 생각하니 동네 청년들 모두가 사물놀이의 달인이 아니었을까 하는 생각마저 든다. 그런데 언제부터인지 이 아름다운 민속놀이가 차차 없어지더니 동네마다 흔적도 없이 사라져 버렸다. 우리 마당이 늘 두레패의 공연장이었는데 다시는 돌아갈 수 없는 시절 볼 수 없는 두레패가 되고 말았다.

두레별로 소공동체를 만들어 성경공부를 하겠다는 말씀에는 은근히 부담이 되어 요즘같이 바쁜 세상에 1주일에 한 번씩이나 만나야 된다니 참 너무 하시다는 생각이 들었다. 나뿐만이 아니고 신자들의 반응이 거의 그랬다. 그러다가 정말로 시작이 되어 우리 7두레 4반도 수산나 반장님의 독려로 모임을 갖게 되었다. 동분서주 뛰어다니며 열정을 보이는데 외면하면 안 될 것 같아서 호응을 하게 되었다.

전 신자 성경 읽기에 초점을 두신 듯한 신부님의 열의에 어쩔 수 없이 모여서 시작을 하였다. 더군다나 다른 가정은 다 나름대로 사정이 있어서 제일 한가한(?) 우리 집에서 모이게 되었다. 그야말로 서너 명이 모이는 작은 모임이다. 처음에 모일 때만 해도 "신부님도 너무 하시네. 무슨 1주일에 한 번씩이나 모이게 하신담." 하면서 투덜대었는데 몇 번 만나 성경책을 펴서 읽다보니 신부님의 의도대로 일단 몇 명이라도 모여서 성경을 읽히는 게 목적이신 것 같고 그렇게 읽다 보니 우리들도 성경 말씀에 맛들이게 되어 너무 좋다는 말들을 자주 하게 된다. "이렇게 안 하면 우리가 언제 성경을 읽겠어요? 말로만 읽는다. 읽는다 하고 말지." 하며 웃는다. 또 성경 구절구절마다 성가와 연결이 되어 성경을 읽다가도 성가를 부르는 게 한두 번이 아니다.

처음에 모일 때만 해도 과연 얼마나 지속이 될까도 의문이었고, 시간을 제대로 맞출지가 걱정이었는데 어느덧 자리가 잡혀서 아무런 문제없이 기쁜 마음으로 제시간에 모이게 된다. 혹시 어느 자매가 무슨 일이라도 있으면 다른 날로 바꿔주는 여유도 가지면서, "전원 신부님! 이렇게 좋은 시간을 만들어 주셔서 감사합니다."

구약성경을 읽으면서는 너무나 무서운 장면들이 많아 받아들이기 힘들었다. 끊임없이 죽이는 장면들만 계속되어 심난하기까지 하다. 그 안에는 하느님을 경외하고 두려워하라는 말씀이 내재되어 있고 잘못을 저지르면 죄의 대가를 치른다는 내용들이지만 끝도 없는 섬뜩한 내용들을 외면하고 싶었다.

TV 드라마에서 장희빈인지, 태조 이성계인지를 끝으로 사극은 절대 안 보고 있다. 사극이야말로 음모를 꾸미고, 죽이고, 죽임을 당하는 장면들로만 점철이 되어 외면한 지가 몇십 년이 된 것 같다. 그런데 구약을 읽으며 또 몰살하고 몰살당하는 장면들을 읽으며 아휴, 내가 피 흘리는 장면들이 싫어서 사극도 안 보는데 구약은 몇 배가 더 심하네, 어떻게 이렇게까지 적나라하게 썼어야 했나? 하며 외면하기도 하였다. 그러나 요즘은 「시편」 「잠언서」 「코엘서」 등을 읽으면서 그 심오하고 명쾌한 말씀에 탄복을 하며 이렇게 성경책을 또 읽게 해주신 신부님께 감사한 마음이 든다.

수십 년 동안 주일마다 들은 말씀들이고 또 읽기도 하였지만, 새삼 달고 시원한 샘물처럼 느껴진다. 성경 말씀은 읽을 적마다 새로운 기쁨을 주는 마법의 책이다. 바빠서 참석 못하는 교우들도 계시겠지만, 전원 신부님의 소공동체는 성공적으로 사목복음화가 이루어지고 있는 것 같다. 언젠가 신부님의 계획이 너무 어려운 일일 것 같아서 미사 후에 신부님께 소공동체가 잘 될까요? 하고 여쭤봤더니 "그냥 성령이 이끄시는 대로 할 뿐입니다." 하시던 게 생각이 난다. 모든 일을 온전히 하느님께 맡기고 느린 듯 천천히 실천해 가시는 신부님 감사합니다.

'일단 펴서 읽어라 그 좋으신 말씀을' (2010. 3)

5

언제나 살아계신 하느님

- 태화강 숭어 떼들의 피난 행렬
- 페블비치 17마일 라이브투어
- Santa Monica
- 우리집 옥상에서의 해맞이
- 이제는 음식이 아니다
- 언제나 살아계신 하느님
- 우리 어머니만의 자장가

태화강 숭어 떼들의 피난 행렬

차바태풍의 영향으로 밤새 비가 내렸다. 아침까지도 줄기차게 내린다. 내리는 비 때문에 빗물을 담뿍 먹은 텃밭의 풍경도 볼 수가 없다. 우리 밭은 한약찌꺼기나 이따금 주어서 거름이 모자란다. 늦자라는 배추, 무를 보며 누구든지 거름이 부족하다고 지적한다. 그래도 좋은 점은 있다. 거름이 많은 밭의 배추들은 민달팽이가 침범을 해서 배춧잎에 구멍이 숭숭 뚫리게 먹어치우고, 배춧속도 썩는다. 벌레 잡는다고 농약들을 겁 없이 뿌린다. 우리 밭의 작물들은 조금씩 자라지만 그런 피해는 없다. 모자라면 조금 덜 먹지 하는 생각이다. 모든 일에는 이런 양면성이 항상 있다.

컴퓨터를 열고 메일을 읽고 있는데 창밖 감나무에서 새들이 지저귄다. 웬 새소리일까? 비가 그쳤나? 반가워서 창문을 열고 내다보았다. 아직도 비가 내린다. 새들을 찾아보았다. 가지 사이에 참새 두 마리가 비를 피하듯 요리조리 옮겨 앉는다.

"재들은 비가 오는데 무슨 일이야?" 우산 들고 외출할 일이 번거롭다는 생각을 하고 있는데 10여 분이 지나니 비가 그치고 하늘이 개인다.

비가 그칠 것을 알고 새들이 미리 나와서 노래를 불렀나 보다. 비가 오려고 날씨가 흐려지면 모든 곤충들은 자취도 없이 사라진다. 순간에 비 피할 곳을 찾아서 숨는다.

어려서 마당에서 사방치기를 하고 놀 때이다. 개미들이 어디서 모여들었는지 한 줄로 늘어서서 끊임없이 옮겨간다.

"엄마, 이 개미들이 어디로 가는 거예요?"

"비가 오려나 보다. 비 올 걸 미리 알고 피난 가는 거란다." 하셨다. 피난 행렬이 끝나고 나면 얼마 지나지 않아 비가 후두둑 쏟아진다. 개미들까지도 비가 올 것을 먼저 알고 피하는 게 신비로 느껴졌다.

울산 태화강에서 일렬로 떼 지어 이동하는 숭어 떼들을 보며 재난에 순응하는 지각에 입이 다물어지지를 않았다. 10여 일 후에 일어날 지진을 미리 감지한 것으로 밖에는 설명이 안 된다. 수만 마리의 숭어 떼가 한 마리도 이탈하지 않고 물결을 따라 흘러가는 모양은 영화 속 한 장면 같았다. 사람들도 위험에 처하기 전에 동물들의 지혜를 반만이라도 알아들었으면 얼마나 좋으랴. 그러면 둔치에 있던 자동차들만이라도 떠내려가지 않았을 텐데, 늘 지혜가 부족해서 소 잃고 외양간 고치는 격이다.

(2016. 10)

페블비치 17마일 라이브투어

선영이랑 셋이서 어느 미션성당을 방문하고 점심을 먹은 후에 몬트레이 해변을 보려고 이동 중이었다. 조금 가다보니까 오른쪽으로 '페블비치'라는 이정표가 보인다. 와우! 말로만 듣던 페블비치가 여기에 있네. 순간 저곳을 들렀다 가자고 하였다. 몇몇 골퍼들로부터 들어본 페블비치가 여기에 있다니 이게 웬 횡재인가 싶었다. 라운딩은 못 하더라도 둘러보기라도 해야지 하는 마음이다.

입구에 '페블비치 17마일 드라이브'라는 안내판이 보인다. "뭐야? 입장료까지 내야 되는 거야?" 좀 황당했지만 로마에 가면 로마법을 따르랬다고 어쩔 수 없이 입장료를 지불하고 통과하였다. 커다란 나무들이 우거진 길을 따라가며 입장료 받는 게 당연하다는 생각이 들 정도로 드라이브 길이 환상적이었다. 처음 보는 커다란 나무들이 우거진 길을 가며 잎이 오그라들어서 죽은 듯 살아 있는 듯 서있는 모양들이 신기하였다. 병이 들었나? 원래 그런 모양의 나무들일까? 의아스럽다.

중간 중간 파도가 부서지는 해안가를 몇 개씩이나 지나며 천천히 달리다 보니 드디어 페워웨이와 그린도 보이는, 거기다가 아주 큰 해안가에 파도가 밀려오는 절경을 만났다. 선영이와 딸은 바다를 바라보느라 여념이 없는데 난 골퍼들이 퍼팅하는 장면들을 보느라 정신을 팔고 있었다. 바람이 어찌나 심한지 이곳에서 골프를 쳐봤으면 하는 생각은 들지 않았다.

사람들이 바람에 날려 갈 것 같다. 돌아오려고 딸이 차에 시동을 걸었는데 시동이 안 걸린다. 아무리 애를 써도 안 된다. 보험회사에도 선영애비한테도 전화를 걸어보지만 속 시원한 답이 없다. 휴일이고 멀어서인지 몇 시간 후에나 온다고 하는 것 같았다. 난감하기 이를 데가 없다. 어쩔 줄을 모르고 서 있는데 해안가로 '아주관광'이라고 쓴 한국버스가 들어온다. 한글만 보아도 반갑다. 한국 사람들이 탄 것 같았다. 옆에 세우면 부탁을 해보려고 하였지만 그대로 가버린다. 그 후에도 몇 사람한테 부탁을 해 보지만 모두 다 'NO' 한다. 점프선이 없다고 하는 것 같았다. 바람도 심하게 불고 춥다 보니 웬만해선 도와줄 것 같지가 않았다. 너무 추워서 차안으로 들어왔다.

오래전에 라파엘 천사가 잠들어 있는 공원묘원에 갔다가 자동차 바퀴가 언덕 아래로 빠지려는 순간이 있었다. 차를 멈추고 어렵게 차 밖으로 나와서 관리인의 도움을 받으려고 내려가며 '라파엘 천사님, 할머니가 난감한 지경에 빠졌네. 라파엘 천사 만나러 왔다가 자동차가 굴러 떨어지게 생겼어. 라파엘이 도와줘…' 중얼거렸다. 마침 관리인이 있어서 도움을 받고 높은 곳에 있는 산소까지 갈 수 있었다.

딸과 외손녀는 벌벌 떨며 서 있고 할 수 없이 라파엘 천사한테 하소연처럼 '라파엘 천사님, 차가 고장이 나서 아주 어려운데 라파엘이 도와주세요. 엄마랑 누나가 절절 매네. 깊은 산속이라 도와줄 사람도 없고… 도와주세요.' 하소연을 하였다.

한 5분쯤 지났을까, 드디어 천사가 나타났다. 백인 청년 두 사람이 탄 하얀 트럭이 들어온다. 딸이 사정을 얘기하는 것 같았다. 잘 생긴 청년들이 자기 자동차로 가더니 무엇인가를 찾는다. 다행히 점프선이 있다며 가져와서 작업을 한다. 하지만 차 간격이 안 맞아서 연결을 못한다. 우리 차 시동이 안 걸리니까 자기들 차를 간격을 맞추느라 옮겨가며 최선을 다 해서 고쳐주는 모습이 참 아름답다.

바닷가 구경을 하려고 들어왔다가 낯선 사람의 고장 난, 그것도 추운 날씨에 고생하는 모습이 안쓰럽다. 감사하는 마음으로 그 청년들을 위해서 기도가 된다. '하느님! 모르는 사람을 위해서 내 일처럼 수고하는 저 청년들을 축복해 주소서. 아멘!' 드디어 시동이 걸린다.

'라파엘 천사님, 도와주어서 감사! 오래 고생 안 하게 해 주어서 감사합니다.' 돌아 나오다 보니 또 만나는 해안가에서 철썩이는 바다를 보며 서 있는 청년들이 보인다. 그들을 보며 또 기도가 된다.

딸이 대학생일 때 한국에서 친가를 다녀오며 주유소에서 기름을 넣었는데, 세차까지 해준다. 차에 앉아서 차를 닦아 주는 젊은이를 보며 있었다. 다른 세차장과는 달리 대충 닦지 않고 물기 하나 없이 닦아 주는 모습이 고마워서 딸에게 "저 청년은 꼭 성공해서 잘 살 것 같다. 나만 이런 마음을 먹는 게 아니고 여기 들어와서 세차를 하는 많은 이들이 저 청년이 최선을 다 하는 모습을 보며 다 한마디씩 덕담을 해 주고 갈 거거든, 들리지는 않지만 그 많은 덕담들이 다 쌓여서 저 젊은이의 앞날에 축복으로 작용할 거야."

17마일 넓은 골프장코스를 돌고 돌아 드디어 클럽하우스에 도착하였다. 좀 전에 만났던 아주관광버스도 주차장에 세워져 있다. 한국 관광객들이 비지터센터에 들어간 모양이다. 골프를 안치는 사람들도 방문하여

쇼핑이나 식사도 할 수 있게 지어진 건물이다. 커다란 TV에서는 타이거 우즈의 홀컵으로 공을 홀인 시키는 멋진 모습이 화면을 가득 채우고 있다. 꿈에도 생각 못했던 페블비치를 방문하게 되어서 특별한 여행을 한 것 같았다. 몇 년만 젊었어도 아니 14년도에 무릎만 안 다쳤어도 라운딩 하고 싶은 마음이 들었을 텐데 그냥 둘러보는 것만으로도 궁금증이 풀렸다. 방문한 흔적으로 작성되지 않은 스코어 카드를 한 장 들고 왔을 뿐이다.

'하느님, 상상도 안했던 페블비치 골프장까지 여행하게 해주시니 감사합니다.' (2019. 2)

Santa Monica

늘 벼르기만 하다가 올해는 겨울김장을 일찍 담가놓고 LA에서 거의 9년째 살고 있는 딸네 집을 가게 되었다. 어떻게 살고 있는지 궁금하고 아직도 터를 못 잡고 사는 것 같아서 늘 걱정이 되었다. 지인들이 딸이 보고 싶지도 않느냐며 다녀오라고 성화를 대지만 나름대로 바쁜 일들이 있어서 선뜻 나서지를 못하였다.

나는 딸 사위보다는 외손녀 선영이가 더 보고 싶었다. 초등학생 때 떠났던 선영이가 이미 대학생이 된 지도 2년이 지났다. 그리고 떠난 지가 얼마 되지도 않아서 방문한다는 건 아니라는 생각이 들었다. 아직 자리도 안 잡혔을 텐데 간다는 것은 내 상식으로는 아니었기 때문이다.

특히 봄만 되면 서너 포기씩이지만 텃밭에 오이, 상추, 토마토 등을 심을 기대에 망설여졌고 여름이면 싱싱한 채소들을 만나는 기쁨에 선뜻 나서지를 못했다. 철따라 열리는 과일들도 내 발길을 붙잡았다.

올해는 다녀오기로 결정을 하고 아들이 마일리지로 비행기 표를 예매하고, 출입국에 대한 수속 일정 서류를 팩스로 받고 나니 실감이 난다. 그런데 외국 다녀온 지가 오래되다 보니 은근히 부담이 된다. 특히 입국시에 인터뷰하는 물음을 제대로 응대할지도 부담스럽다. 트럼프가 대통령이 되고나서는 입국절차가 까다롭다고 들었다.

출국장 안에서 탑승을 기다릴 때였다. 긴 의자에 앉아서 시간을 보내고 있는데 저만치에 앉아 계신 분이 한국 여자 분이시다. 그분이 할머니가 혼자 앉아 있으니까 옆으로 와서 말을 걸어온다. LA에 누굴 만나러 가느냐고 묻는다. 딸이 얼바인에 사는데 혼자 간다는 게 약간은 부담이 된다고 하였더니 자기도 얼바인 간다고 한다. 은근히 반가워서 혹시 교회에 다니는지 물었다. 즉시 성당에 다닌다고 한다. 안 다닌다고 하면 전도하는 말을 할까봐서 말막음으로 빠른 대답을 하였다고 한다. 나는 성당에 다닌다고 하는 그 말이 어찌나 반가운지 그곳에는 한국 성당이 몇 군데나 되는지 물었다. 한 군데밖에 없다는 말에 혼자 가야되는 부담감에서 이미 벗어났다. 딸 이름을 알려주었더니 전화를 걸고 있다.

"내가 지금 누구하고 있게?~" 한다.

나는 카톡 문자를 넣었다.

'유진아! 공항에서 성당에서 예쁜이 데레사라고 불린다는 분을 만났다. 같은 비행기 타고 가니까 든든하다. 걱정하지 마라 하느님의 안배라는 생각이 든다.'

'아! 우와~ 놀랍다. 조심히 오세요. 넘 좋으신 자매님을 옆에 딱 앉혀 주셨네요.'

'하느님, 감사합니다. 이렇게 좋은 분을 동행하게 해주시니 감사할 뿐입니다. 마침 내가 앉은 좌석 가운데가 비어 있다. 누군가와 바꿔달라는 부탁도 필요 없이 옆으로 와서 이야기도 나누며 동행을 하였다. 하느님께 감사!

그런데 정작 입국할 때는 그분은 미국 여권 소지자라 내국인 쪽으로 가서 도움을 못 받았다. 길고도 긴 줄을 서서 기다리는데, 옆에 한국 여자가 은근히 부담 주는 말을 한다. 미국을 자주 왔다 갔다 하는 사람인 것 같았다. 대답을 잘못하면 입국이 어렵다고 한다. 실제로 인터뷰하다가 뒤로 밀려나는 사람들이 보인다. 하지만 할머니한테 심하게 할 일이 뭐가 있을까 싶은 게 걱정이 안 되었다.

그런데 안검하수증 수술 때문에 내 얼굴 인상이 변해 있어서 내가 보아도 내가 아닌 것처럼 보인다. 10여 년 전에 눈가가 얼마나 처졌는지, 눈이 무거워 성당에서 미사를 드릴 때는 아예 눈을 감고 있었다. 손자가 서너 살 때인데 좀 쉬려고 안경을 벗으면 누워서 우유를 먹고 있다가도 우유병을 쑥 빼고 "할머니! 안경 써, 안경 써." 하며 안경을 못 벗게 한다. 매번 이런 상황이 벌어져서 왜 그러는지 물었다. 할머니 눈이 무섭다고 말할 줄 알았다. 그랬는데, 뜻밖에도 "할머니 눈 아파서 안 돼, 안경 써." 한다.

'그래도 내 짐작으로는 안경을 벗으면 처진 눈이 무서워 보이나?' 하는 마음도 들고 나 역시도 힘들어서 작심하고 눈 수술을 하기로 하였다. 진찰을 한 의사가 아예 쌍꺼풀 수술을 하라고 한다. 나는 당치도 않은 말처럼 들려서 "아닙니다. 저는 쌍꺼풀 수술을 하려고 온 게 아니에요. 눈 위 처진 곳만 올려주세요."

그때 쌍꺼풀 수술을 했어야 했다.

그래도 10여 년은 잘 지냈다. 그런데 또 처지기 시작한다. 마침 안과에서 안검하수증 수술을 하는데도 보험이 적용되어 비용도 적게 든다고 하였다. 그것이 또 잘못된 판단이었다.

"성형외과에서 했어야지요."

만나는 사람마다 한마디씩 한다. 수술한 지 일 년이 넘었는데도 쌍꺼풀 수술한 자리가 수퉁맞은 게 인상이 무섭다. 보는 사람마다 못 알아보고 누구냐고 묻는다. 이럴 때마다 "오! 마이 갓!"이 외쳐지지만 이렇게라도 제대로 눈을 뜨고 볼 수 있으니 얼마나 다행인지 모른다. 우리 어머니는 이런 수술도 못 받고 눈을 감고 몇 년을 사신 걸 생각하면 지금도 가슴이 아파온다. 요즘은 의술이 발달해서 눈도, 치아도 다 고치고 사니 백세를 산다는 말이 나올 법도 하다.

이런 상황이니 부스 안에서 체크를 하던 사무원이 여권을 보고, 나를 보고 비교를 하다가, 의문이 드는지 안경을 벗어보라고 한다. 겁이 덜컥 났다. 여권 속의 사람과 다르다고 하면 어쩌나? 안경을 벗었다. 한참을 대조하더니 여권을 돌려준다. 얼마나 감사한지 '하느님, 감사합니다.' 하며 다시 잡히기라도 하듯이 재빠르게 나왔다.

가방을 찾아서 카트에 실었는데 그때서야 데레사 자매님이 나타나서 "입국심사를 잘 받으셨네요." 하며 웃는다. 인천 공항에서부터 같이 동행한 자체만으로도 얼마나 든든했는지 감사할 뿐이다.

마중 나온 딸과 집에 오면서, 어디가 제일 가보고 싶으냐고 묻기에 "여기저기 다닐 필요 없어 있는 동안 이곳에 사는 사람들의 생활이나 마을 분위기가 어떠한지 살펴보면 된다."고 말했다. 그랬더니 캘리포니아 미션 성당에 다니자고 한다. 캘리포니아 미션?

18세기경에 미국 샌디에이고에서 샌프란시스코에 이르는 650마일 해안지역을 따라 세워진 미션 성당 21곳을 말한다고 한다. 스페인이 미국을 식민지화 하려는 때에 프란체스코 수도회 신부님들을 현지에 파견해 인디언들을 복음의 세계로 이끌려는 노력을 펼치면서 세워진 성당들이다.

외손녀가 산타바바라 대학교에 재학 중이어서 일단 선영이부터 만나러 갔다. 얼바인에서 2시간 반이나 걸려서 도착하였는데 성당 문이 닫히기 전에 산타바바라 미션 성당부터 가 보기로 하였다. 마침 미사가 끝난 시간이라 사람들이 여기저기 모여서 담소를 나눈다. 넓은 마당 한 쪽에는 생전 처음 보는 후추나무가 열매를 주렁주렁 매단 채 서 있는 게 신기하였다.

230여 년 전에 지어진 성당이라 그런지 아담하게 지어졌다. 그 후에 방문한 10곳의 성당들의 모양이 크기만 조금씩 다를 뿐 거의가 똑같다. 특히 높이 세워진 종탑에 종이 무려 6개가 설치된 곳도 있다. 시간을 맞춰 미사를 보러 간 성당에서는 타종도 하여서 어릴 때 강당에서 치던 종소리가 들리는 듯하다. 하루에 세 번 씩 들으며 살던 추억이 아련하게 되살아난다.

화려하진 않지만 아담하게 지어진 성당들이 평화롭다. 엄동설한인 우리나라를 떠나와서 만난 온갖 꽃들로 가꿔진 정원들도 아름답다. 특히 하얀 장미꽃들이 가는 곳마다 만발하여서 행복한 여행이 되었다. 하지만 선교를 위해서 고생하시던 신부님들의 흔적이 보여서 마음이 아프다. 협소한 침대며 작은 식탁들을 보며 얼마나 고생을 하며 사셨을지 짐작이 가고도 남는다. 천주교 박해시절 우리나라에 오셔서 순교하신 신부님들 만큼이나 선교에 힘을 다하신 듯하다. 그 당시 침략자로 생각한 인디언들과도 마찰이 심했다고 한다.

그 후에도 산타바바라에 가서 이틀을 자며 주위에 미션 성당들을 방문하였다. 선영이가 영어가 짧은 엄마를 위해서 가이드 노릇을 제대로 한다. 우리 선영이는 몸매가 완전히 미국 스타일로 변해 있었다. 그 모습이 어찌나 멋있는지 미국 스타처럼 보여서 웃음이 났다. 알바를 하며 학업에도 최선을 다 하는 모습이 장하다.

대학교 안에서 볼 수 있었던 바다! 그곳에서 맞이한 붉게 물든 석양과 야트막한 넓은 언덕을 온통 보라색 꽃으로 덮었던 장면이 지금도 사진을 보는 듯 아름답게 다가온다. 하도 아름다워서 운전할 때면 늘 부르고 다니는 '주 하느님, 지으신 모든 세계, 내 마음속에 그리어 볼 때~' 이 성가가 새삼 읊조려졌다.

이번 여행에서 더 감동으로 느낀 점이 있다. 미션 성당들의 이름은 물론이지만 모든 도로의 표지판이 다 가톨릭 성인성녀들의 이름으로 되어 있다. 그 옛날 스페인 신부님들이 지으셨을까? 어디쯤이었는지 앞에 걸린 표지판에 '산타모니카' 라는 지명이 나타났을 때 신선한 충격이었다. 내 세례명이 앞에 턱하니 걸려 있어서 특히 더 그랬다.

지금까지는 그냥 지명으로만 알고 있던 샌프란시스코나(성 프란시스코), 산타루치아(성녀 루시아)처럼 '샌'이 앞에 오면 성인이고 '산타'가 앞에 붙으면 성녀이다. 산타바바라, 산타마리아, 산타로사, 산타안나 등 수없이 많았다. 성인들의 이름으로 지어진 지명은 더 많았다. 산디에고, 산이시돌, 산호세, 산클라멘토 등 다 헤아릴 수가 없다. 미션 성당을 다니며 만났던 성인성녀들의 지명이 얼마나 은혜롭게 느껴지던지 표지판을 만날 적마다 감사한 생각이 들었다. 내가 다녔던 곳에서 만났던 성인들의 이름만도 30여 명이 넘었다. 샌프란시스코까지 갔다면 성인성녀들의 이름이 얼마나 더 많았을지, 시간이 없어서 다 방문하지 못한 것이 조금은 아쉽다. 미국이란 나라가 왜 축복을 받고 사는지 알 것 같다. 대통령에 당선되면, 성경에 손을 얹고 선서를 하는 모습에서도 신의 가호가 함께 하는 나라인 것을 느꼈었다.

이번 여행에서 짬이 날 적마다 나를 태우고 다니며 수고한 딸과 몇 군데지만 시간을 내서 동행한 손녀딸 가브리엘라와 같이 다닌 미션 성당들이 어느 장소들보다 축복의 일정들이었다.

어릴 때 떠났지만 이미 숙녀가 되어서 걸음도 잘 걷지 못하는 할머니를 LA 다운타운 등 여러 곳을 다니며 안내해 주느라 고생한 가브리엘라와의 여행도, 사위가 쉬는 일요일에 기차를 타고 갔던 해변을 끼고 있는 시골 마을도 밤 야경이 근사했던 디즈니랜드도 추억 속으로 묻혀간다.

하느님께 감사!

우리집 옥상에서의 해맞이

여름방학에 시간이 없어서 못 온다는 손자를 만나러 갔다.

옛날 같으면 방학만 되면 너나 할 것 없이 시골에 사는 할머니 댁에 가는 것이 기다려지는 행사였다. 우리 아이들이 어릴 때는 나까지 방학을 기다렸다. 시골에 갈 일들이 즐거웠기 때문이다. 고향의 부모님들도 애인 기다리듯, 손자들이 오기를 손꼽아 기다리셨다. 시절이 이상하게 돌아가다 보니 학원이란 굴레에 묶여 할머니 댁에 가는 여행도 없어지고 있다. 방학에 시간이 안 된다는 말이 낯설게 들렸는데 평일은 물론 주말에도 못 온다는 말이 이해가 안 되었었다. 학원이 주말이라고 강의를 안 하면 그 학원은 문을 닫아야 한단다.

서진애비는 학원 문턱도 안 가보고 학업을 마쳤다. 초등학교 5학년이 되었을 때 과외공부 금지법이 생겼다. 일설로는 전두환 대통령이 아들 과외 공부를 안 시키려고 과외를 금지시켰다고 하였다. 참 잘 되었다고 좋아하였다. 누구나 과외를 안 하리라고 생각하였다.

그런데 과외가 금지되니 비밀 장소에서 몇몇씩 모여서 과외를 한다. 그게 더 심각한 폐단이었다. 아들이 중학교 2학년이 되었을 때 부족한 과목이 있기에 한 과목만이라도 학원 강의를 들으면 어떨까 물으니, "엄마, 학원에 다니면 큰일나요. 선생님이 절대 다니면 안 된다고 했어요." 한다. 그런 연유로 과외나 학원에 안 다니고 학업을 마쳤다. 너무 고지식하게 재학시절을 보내게 한 것 같아 아쉬움도 남는다. 엄마가 극성맞지 못해서 남들은 몰래몰래 다 하는 과외를 못 시켰다. 첫해 대학입시에 떨어졌다. 그래서 결국은 재수학원에 다녔다. 재수는 필수, 삼수는 선택이라지만 남들처럼 비밀과외를 시켰으면 재수는 안했을 것 같다. 종로학원에서는 성적표와 아이큐 검사지를 가져와야 등록을 받아준다.

어미가 하소연을 한다. 서진이가 학원비까지 내고 등록을 해 놓아도 꼭 필요한 것만 가고 그 이상은 안 간다고 한다. 그래도 밤 10시에 끝난다고 하였다. 더하려면 12시가 되어서야 집에 온다고 한다. 속으로 손자의 고집이 다행이다 싶었다. 너무 힘든 것 같아서, 서진이의 이유를 들어보니 동서양 위인들의 이름을 열거하며 이렇게 훌륭한 분들이 학원에 다녔느냐며 학원가기를 거부한다. 어미가 그때는 학원이 없었으니까 안 다녔겠지, 옛날 선비들이 서당이나 향교에서 몇십 년 글공부 한 것이 학원이나 마찬가지라고 설명을 해 주지만, 서진이의 고집을 못 꺾는다.

손자가 설날에 왔을 때이다. 우리 집 옥상에서도 해 뜨는 모양을 볼 수가 있을 것 같아서 손자와 같이 올라갔다. 혼자 올라가는 게 부담이 되어서 마음뿐이었다. 어두워서 할머니 혼자는 옥상에 못 올라간다고 하였더니 눈을 비비고 일어나서 같이 올라가 준다. 어려서는 비서 노릇을 했는데, 중학생이 되니 이젠 보디가드처럼 든든하다.

떠오르는 순간을 놓칠까 봐 유심히 보고 있었다. 찰나에 빨간 공처럼 퐁 솟아오른다. 1초라도 한 눈을 팔았다면 그 장면을 놓치고 말았을 것이다. 서진이가 연속으로 몇 컷을 찍었다. 멀리서 솟는 해를 폰으로 찍어서 흐리지만, 층계만 몇 개 올라가서 볼 수 있다는 게 감사할 뿐이다. 할머니는 너희 엄마 건강하게 해 달라고 소원을 빌었는데, 너는 무슨 소원을 빌었느냐고 물으니 웃으며 학원 많이 안 다니게 해달라고 빌었단다. 공부하는 게 어깨가 너무 무거운 듯싶어서 안타깝다.

어미에게 서진이가 설날에 해돋이를 보며 학원 많이 안 다니게 해달라고 소원을 빌었다고 했더니 "10시까지만 다니니 소원이 이뤄졌네." 하며 웃는다.

5년 전 8월에 이사를 하였었다. 그 후에 서울을 가려고 새벽에 출발하였다. 주택들을 벗어나 큰 길로 나왔다. 순간 차창으로 함지박만한 해가 떠오르는 광경이 보인다. 얼마나 놀랍고 경이로운지 차 밖으로 나와서 보고 또 보았다. 여러 곳에서 해돋이를 경험하였다. 하지만 부여 우리 마을에서 양팔로 안을 수도 없이 큰 해맞이를 하리라곤 상상도 못했다. 평생 잊지 못할 장면이었다. 설날 새벽에도 그런 해를 상상하며 올라갔었다. 그런데 축구공만한 해가 솟았을 뿐이다. 장소가 먼저 보았던 곳이 아니라서 그럴까? 고개가 갸우뚱해진다.

"서진아! 이상하다. 할머니가 몇 년 전에 보았던 해는 두 팔로 안을 수도 없이 크게 보였었어." 하자, "아마 계절에 따라서 크기가 다를 거예요." 한다. "그런 거야? 그럼 여름에 한번 올라가 볼게" 하였는데 9월이 다 가도록 못 보고 있다. 추석에 손자를 또 만났지만, 보름날 새벽엔 날씨가 흐려서 시도조차 못하였다. 어둑한 새벽에 깨우기가 안쓰러웠는데 차라리 잘 되었다는 생각도 들었다.

2012년, 부여에서 본 여름의 해맞이는 평생 잊지 못한다. 가슴에 한 컷 사진으로 남아 있다. 영원히 퇴색하지 않는 영상으로.

하느님께 감사!! (2016. 9)

이제는 음식이 아니다

초등학교시절 강아지 때부터 기르던 검둥이를 친구삼아 다니던 때의 일이다. 8월에 벼가 패서 이삭에 물이 들 때부터 참새들이 모여들기 시작하는데 오빠나 언니가 가면 안 되는지 꼭 잠꾸러기인 나만 깨워서 보내셨다.

새벽에 쏟아지는 잠을 떨치고 일어나기가 너무나 힘이 드는데, 엄마한테 몇 차례 꾸중을 듣고서야 졸린 눈을 비비며 들로 나가곤 하였다. 이때 졸랑졸랑 따라오는 놈이 검둥이다. 아무도 밟지 않은 새벽 논둑길을 걸어가노라면 양쪽 옆에 풀들이 이슬을 흠뻑 먹어서 그 이슬이 발등을 적시곤 한다. 일어나기 싫은 때의 느낌과는 달리 새벽에 풀 이슬을 헤쳐 가며 걷는 기분은 상쾌하고, 해 뜨기 직전의 하늘과 들판의 아스라한 풍경은 신비스럽기까지 하였다.

참새 떼들과 싸우던 일을 생각하면 지금도 약이 오른다. 양철통을 막대기로 힘껏 두드리면 포르르 날아서 저쪽 논 끝쯤에 가서 무더기로 내려앉는다. 뛰어가서 쫓으면 다시 저쪽으로…. 조금만 늦게 가서 쫓으면 알곡이 익기도 전에 다 먹어버린다. 내가 이리로 저리로 뛰면 검둥이도 따라 뛰며 짖는다. 새들을 쫓는 거겠지… 메뚜기를 잡으러 다닐 때도 검둥이는 내 친구였다. 먼저 뛰어가서 메뚜기를 쫓기도 하였지만 순한 눈이 너무도 다정한 친구였다.

어느 날 학교에서 돌아오니 검둥이가 마중을 나오지 않았다. '이상하네. 어디 갔을까?' 의아해 하며 엄마한테 "검둥이 어디 있어요?" 하고 여쭈어 보니 "아, 웬일인지 마루 밑에 들어가서 안 나온다."고 하신다.

마루 밑을 들여다보며 "검둥아! 검둥아!" 이리 나와 하며 불렀더니 눈빛이 파란 게 신음소리를 내며 아파하는 것이었다. 어디서 쥐약을 먹었는지 고통스러워한다. 물이라도 먹이려고 아무리 불러도 나오지를 않더니 결국 죽고 말았다. 그때 아마 2, 3일은 울고 다닌 것 같다. 사람이 죽은 것도 아닌데 며칠씩 청승 떤다고 엄마한테 꾸중도 들었다. 그 후로는 개를 안 길렀다. 절대로 안 기를 거라고 다짐을 하였다. 사람과의 이별처럼 얼마나 마음이 아팠는지 또 겪고 싶지 않았다. 그랬는데 아이들이 강아지 타령을 하도 하여서 진돗개를 기르다가 또 이별을 하기도 하였다.

나는 40세가 넘어서야 보신탕을 먹게 되었다. 어느 해 여름에 사촌오빠 네를 갔다. 오빠 생신이라 갔는데 올케가 보신탕을 만들어서 손님들께 대접을 한다. 커다란 양푼에는 잘 찢어서 양념이 된 수육이 하나 가득하다. 그 때는 개고기를 먹는 사람들이 야만인같이 보일 때였다. 당연히 나는 못 먹으니 다른 음식들을 먹고 있었다.

올케언니가 옆에 오시더니 접시에 수육을 가득 담아주시며 "잡숴 봐유, 냄새도 안 나지만 잘 삶아져서 맛있어유." 하며 자꾸 권한다. 생전 안 먹었으니 고개를 절레절레 흔드는데, 옆에 손님으로 온 젊은 여자 둘이 서로에게 권하며 이 음식을 먹고 나면 이튿날 얼굴이 매끄럽고 화장이 잘 받는다고 하며 맛있게 먹고 있다. 하기는 맛있게 무친 수육이 먹음직스러워 보였다.

먹어 보기로 결심하고 부추와 같이 한입을 먹었다. 정말 맛있다. 그때부터 보신탕을 먹게 되고 30여 년이 지났다. 어느 여름날, 동서울 골프장에서 4집이 부부동반으로 운동을 끝내고 불암동에 있는 보신탕을 전문으로 하는 음식점엘 갔다. 점심시간도 약간 지나고 과한 운동을 했으니 배도 고플 때였다. 거기다가 보신탕이 얼마나 시원하고 맛있는지 여자들 넷이 국을 자꾸 더 달라고 하였다. 주인 마나님이 아예 매운 양념을 하지 않은 진국을 양푼으로 퍼다 준다. 반쯤 담아온 국을 여자들이 다 먹었다. 나는 약간 몸살기가 있었는데 몸이 개운해지고 몸살기는 멀리 사라졌다.

그런데 LA에 사는 딸네 집을 두 달 간 다녀오고 나서부터는 보신탕을 먹지 못한다. 아니 안 먹는다. 두 달 동안 지내는 동안 딸과 사위가 직장엘 가면 나와 꼬미(강아지)만 남게 된다. 길도 설고 차도 없으니 아이들이 올 때까지 꼼짝없이 갇혀 있다. 거기다가 미국은 우리나라와는 달리 대체로 개를 집안에서 키운다. 처음에는 집안에서 털 짐승을 키우는 게 마땅찮아서 강아지를 원하는 집에 주었으면 했다. 아이들이 용돈까지 모으며 강아지를 사 달라고 조르는 집에 주라고 하였다. 그런데 그 집에 엄마가 강아지 시중까지 들어야 하는 부담 때문에 무산되었다.

어쩔 수 없이 꼬미와 지낼 수밖에 없는 처지가 되다보니 쉬 한다고 옷을 잡아당기면 밖에 나가야 되고 또 워킹도 시켜야 하니 차츰 정이 들게 되었다. 나 역시 개에 대한 사랑이 누구보다 못지않다. 그렇지만 집안에서 키우는 게 내 정서로는 맞지 않았을 뿐이다. 어느 때는 심심한지 테니스공을 물고 와서 내 앞에 놓으며 놀자고 한다. 웃음이 나오지만 슛

팅할 자세를 취한다. 그럴 때 꼬미의 자세는 유명 골키퍼보다 더 완벽하다. 양발을 딱 버티고 섰다가 순간에 날아오는 공을 받아 무는 모습이 조상이 사냥개가 아니었을까 싶을 정도로 멋있기까지 하다. 할머니의 슈팅이었지만 순간에 날아가는데도 실수가 없다. 얄미워서 정면으로 보낼 것 같은 자세를 취하다가 좌로 우로 보낼 때에는 어쩔 수 없이 실수가 나온다.

미국은 모든 주택들의 주위에는 잘 다듬어진 잔디밭이 있다. 어느 날 새벽에 소나기 오는 소리가 들린다. 비 오는 소리를 들으며 모든 작물 등 특히 잔디가 더 싱싱해지겠구나 싶어서 기분이 좋아진다. 얼마나 내리는지 창밖을 보았다. 그런데 시원하게 쏟아지는 비 소리는 스프링클러에서 넓은 잔디밭으로 퍼져나가는 물줄기였다.

잔디만 보면 골프 어프로치가 하고 싶어진다. 여기서 저쪽까지는 한 30미터 되겠구나, 이 정도 스윙이면 홀컵에 가져다 붙이겠다고 혼자 상상하며 기분이 좋은데, 세상에나, 그곳은 견공들의 배설하는 장소였다. 누구든지 강아지 목줄을 잡고 와서 배변을 시키고 비닐봉지에 변을 담아서 간다. 간혹 치우지 않고 가는 비양심가도 있는데 잘못하다간 밟을 수도 있다. 그런 행동들을 하는 사람들은 미국 사람은 아니고 타국에서 온, 특히 한국 사람들도 눈에 띄어 내가 다 부끄럽다.

꼬미는 생각하는 게 거의 어린아이 수준이다. 밖에 나가자고 옆에 와서 팔을 건드린다. 내가 황창연 신부님의 유튜브 강의에 빠져서 응대를 안 하면 아예 문 옆으로 가서 서 있다. 그런 행동들이 웃음이 나오지만, 하던 일을 멈추고 나가게 된다. 워킹을 하려고 문을 나서면 줄에 묶인 채이지만 어린애처럼 좋아하며 졸랑졸랑 앞서서 가는 게 퍽이나 기분 좋은 모양이다. 그런 모습에 나 역시도 행복해진다.

10여 분 거리에 있는 호수에 가면 족히 강아지 덩치만한 오리들이 즐비하다. 오리들도 물 밖으로 나와 풀밭에서 여유를 즐긴다. 강아지의 속성으로 달려들면 일제히 물속으로 다이빙을 한다. 오리 떼, 갈매기 떼, 어린 오리 떼 등 100여 마리의 새들이 호수를 미끄러지듯 노니는 모습이 한국에서는 볼 수 없는 장면들이어서 꼬미 덕에 나까지 즐겁다. 그런데 한국에 올 때쯤 보니 큰 오리들은 다 어디로 갔는지 보이질 않는다. 어디로 갔을까 혹시 팔려갔나 하는 엉뚱한 생각도 들었다.

내가 한국에 올 때쯤 꼬미는 본래의 주인이던 집에 다시 보냈다. 창살 없는 빈집에서 벗어나 가족처럼 사랑해주는 특히 어린이가 있는 집이어서 얼마나 다행인지 가벼운 마음으로 돌아왔다.

7년 전 부여로 터전을 옮기고부터는 보신탕을 더 자주 먹게 되었다. 서울에 살 때는 일 년에 몇 번 정도였는데 부여로 와서는 한 달에 몇 번이나 되었다. 집에 돌아오니 보신탕 먹을 기회가 또 생긴다. 약속이나 한 것처럼 부여로 같이 이사 온, 대녀 아가다네와 갔는데 보신탕을 안 먹는다고 하면 식사 분위기를 깰 것 같아서 내키지 않았지만 그날은 먹었다. 어느 날 점심을 먹으러 가는데 또 보신탕 얘기가 나온다. 가만히 있으면 계속 반복 될 것 같아서 나는 삼계탕으로 주문을 하였다. 나는 앞으로는 보신탕은 사절입니다. 꼭 삼계탕으로 주문해 주세요. 부탁하였다. 꼬미에게 미안한 마음이 들지 않으니 마음이 다 후련하다.

아직 말은 못하지만 엄마한테 자기표현은 다 하며 밖에 나가자고 손을 잡아끌던 아이들처럼, 옆에 와서 팔을 건드리던 꼬미가 새삼 보고 싶어진다. 어느 날인가는 꼬미를 데리고 조금 먼 곳까지 산책을 갔다가 길을 잃어서 헤매고 있었다. 힘이 들어서 어느 집 계단에 앉아서 쉬고 있을 때였다. 꼬미는 큰 나무에 다람쥐가 오르내리는 것을 보며 잡을 것처럼 나무 위를 쳐다보며 단숨에 올라갈 것 같은 자세를 취한다. 다람쥐는 어디 잡아보라는 듯이 빤히 내려다본다. 재미있는 광경인데 힘이 드니 웃음도 안 나왔다.

1시간가량을 헤매다가 방향을 찾아서 힘들게 걷는데 꼬미가 졸랑졸랑 앞서가는 모습에 아이들 손을 잡고 다니던 때가 생각이 나서 아련한 추억으로 다가온다.

"할머니는 힘이 든데 너는 기분이 최고구나" 약이 올라서 한마디 하였다. 저녁에 길을 잃어서 어느 집 계단에 앉아있었던 얘기를 하니 딸이 "엄마, 그렇게 앉아 있으면 노숙자로 알고 경찰이 와서 실어가요" 한다.

말도 안 통하니 실랑이를 벌일 뻔하였다. 바쁜 아이들을 부르지 않고 집을 잘 찾아왔으니 천만다행이다. 그나마 옆에 꼬미가 있어서 든든하였다.

음식이 넘쳐나는 세상에 보신탕은 아니라는 생각이 이제라도 들었으니 다행이다.

언제나 살아계신 하느님

막연히 의탁하며 기대던 하느님을 그 선생님은, 말씀에서 살아계신 하느님으로 바꿔주었다. 오래전에 성당의 남자형제들이 여자들을 힘들게 하던 시절이 있었다. 그때는 남자 레지오마리에가 한 팀뿐이었는데, 그 만들어진 동기가 이랬다.

윤요안나 자매가 우리 남편과 의논에 의논을 거듭한 끝에 남자 레지오마리에를 탄생시켰다. 병약한 자매님인데 온전히 하느님께만 의지하고 사는 분이다. 부지런히 단원들을 모집하여 「사도들의 모후」라는 팀을 만들고 회합이 시작되었다. 모든 단원들이 열심이었다. 그때만 해도 환자 방문, 쉬는 자 방문, 연도 등 아주 많은 활동들을 하고 성과도 많았다. 우리 아내들이 보아도 믿음직스러운 단체였다. 그 단원들이 나중에는 본당에서 중추적 역할들을 하였다.

그런데 한 가지 흠이 있었다. 레지오마리에 회합이 끝나면 꼭 2차 주회(酒會)가 시작이 된다. 모임이 끝난 후 한 잔씩 하는 것은 문제가 아닌데 모임이 없는 날도 이따금 만나서 술 모임을 갖고 늦은 시간까지 귀가들을 안 한다. 그것도 이해는 하였다. 우리들이 가끔 따라가 보면 얼마

안 된 것 같은데 11시, 12시가 금방 되어서 "벌써 11시가 넘었네요." "이래서들 늦게 들어 오나봐 하고 웃게 된다." 형제들이 모여서 유대를 돈독히 하려는 것으로 이해를 하였다.

그렇지만 하루가 멀다 하고 자주 만나다보니 하나둘 여자들 입에서 불만들이 터져 나오기 시작하였다. 그래서 묘안을 낸 것이 우리 한의원을 기도하는 집으로 만들어야겠다는 생각이다. 남편한테 대자(代子)들을 데리고 술 먹느라고 시간들을 보내지 말고 성경 공부라도 시작하라고 말하니 처음에는 들은 척도 안한다. 미운 생각이 많이 들어서 아침마다 출근하는 등 뒤에다 속으로 욕을 하기도 했지만, 그 당시 한창 이인복 교수님의 말씀에 빠져 있던 때라, 아니지 욕을 할 게 아니라 주모경이라도 해야겠구나 싶어 기도를 하곤 하였다.

그래서인지 드디어 한의원에서 정태희 바오로 선생님을 모시고 성경 공부를 하게 되었다. 얼마나 감사한지 '하느님! 드디어 하느님 말씀을 매주 듣게 해주시니 감사합니다.' 하게 된다. 아주 오랫동안 하느님의 말씀을 들었다. 햇수로 5년 동안이나 계속되었다. 루가복음 말씀을 완전 통달들을 하였다.

한의원에서 성경공부가 끝나갈 무렵 하루는 옆 건물을 팔고 싶다고 우리 보고 사라고 한다고, 남편이 의논삼아 얘기를 하는데 귓등으로 들었다. 가지고 있는 현금이 하나도 없었기 때문에 그 건물을 산다는 것은 그림의 떡이었기 때문이다. 그런데도 남편이 저녁마다 들어와서 그 집 얘기를 한다. 말이 안 되는 얘기를 왜 하는지 모르겠다 싶었는데, 하느님이 그 집을 사게 해 주려고 작정을 하셨는지 일이 묘하게 돌아갔다. 도저히 믿기 어려운 일들이 하루하루 생기고 있다. 근 1주일 정도가 매일같이 상황이 달라진다. 저녁마다 들어와서 이야기 하는 걸 들으며 나 역시 관심을 갖고 방법을 찾기 시작하였다.

주택을 팔고, 건물을 사면 1층은 세를 주고, 또 대출을 받고, 이런 식으로 여러 방법을 찾아보았다. 시행착오가 생기는 등 여러 어려움이 있었지만, 드디어 여러 지인들의 도움으로, 아니 하느님이 도와주셔서 그 집을 사게 되었다. 성경을 배우던 형제님들이 많게든 적게든 어떤 방법으로든 도움들을 주었다. 지금도 가끔 집을 살 때의 일을 생각하며 그분들을 위해 기도가 된다. 특히 집을 살 수 있게 결정적 계기를 만들어준 잊을 수 없는 정 막달레나자매님과, 집값의 반이나 되는 5천만 원을 단서 하나 없이 주셨던 데레사언니는 내 평생 잊을 수가 없다. 데레사언니는 이미 하늘나라에 가셨다. 천국에서 기다리고 계시지만 언젠가 만날 때까지 기도 중에 기억하게 된다.

집 주인은 다른 사람이 5백만 원을 더 준다고 하는데도 꼭 우리한테만 팔겠다고 한다. 이게 무슨 조화속인지, 이것도 하느님의 안배였나 보다. 아주 짧은 기간에 성사가 되어 집을 사고, 살던 집도 빨리 팔리고 모든 게 척척 진행이 되었다. 우리가 거처할 공간이 없어서 빈 옥상에다 가슬라브를 치고 살림할 수 있는 최소한의 공간 15평을 만들고 이사를 하였다.

대출금을 원금까지 갚아나가는 것으로 설정을 하여 매월 갚을 금액이 많았는데도 날짜만 되면 금액이 채워지곤 하여서 늘 감사한 마음으로 갚으러 다녔다. 아이들이 중학생 때 이집으로 이사 와서 대학 다니고 결혼까지 하고, 아버지도 모셔 오고 너무나 복된 집이라는 생각이 든다. 그동안 얼마나 편안하게 살았는지 30여 년이 다 되어 가는데도 엊그제 이사 온 것만 같다.

이사를 한 후 편안하게 살다보니 하느님께 너무나 감사한 마음이 들어 이번에는 자매들과 같이 다시 루가복음 공부를 하기로 하고 바오로 선생님께 또 부탁을 하였다. 그때 선생님은 많은 사람들에게 복음 말씀을 가르치고 있었다. 우리가 비집고 들어갈 틈이 없었는데도 시간을 내주신다. 여러 팀 중에는 법조인들도 있었는데 그분과 같이 성경을 배운 분들은 하느님 편에서 정의로운 판단을 하는 판검사들이 되었으리라 믿는다.

우리 팀도 3년 동안이나 루가복음을 배우며 말씀이 살아계신 하느님으로 다가왔다. 루가복음을 읽으며 구약까지 몽땅 들춰가며 공부를 하였다. 지금도 그 성경책을 펴보면 구절구절마다 많은 해석들이 붙어있다. 구약은 신약의 예표라는 말씀이 마음에 와닿는다. 어쩌면 그렇게도 잘 가르쳐 주셨는지 늘 감동이었다. 그러나 지금은 또 무뎌진 마음이 되었지만, 그래도 마음 한편에는 그때의 감동이 살아 숨쉰다.

정바오로 선생님은 영세 받기 전까지는 너무나 힘든 생활을 하였다고 한다. 하는 사업마다 안 되고 가정적으로도 힘든 날이 많아서 이혼까지도 생각하였다. 그러다가 아내 되는 자매가 쉬는 자로 있다가 성당에 다시 나가면서, 성령 세미나를 받고 새로운 사람으로 변모되었다.

아내가 어두운 생활에서 기쁜 모습으로 바뀌는 걸 보면서, 하느님이 누군데 사람을 저토록 변하게 만드는지 궁금해서 성경책을 펴서 읽기 시작했다고 한다. 아무것도 안 하고 성경책만 몇 개월을 읽었는데 어느 날, 하느님 말씀이 섬광처럼 빛으로 다가왔다. 한걸음에 성당으로 달려갔다. 세례성사를 달라고 떼를 썼다고 한다. 신부님이 어이가 없었지만 이야기를 나누다 보니 하느님에 대해서 막히는 것이 하나도 없어서 얼마 후에 세례성사를 주셨다고 한다.

그 후에 말씀 전하는 사도가 되어 여러 사람을 바로 세워주셨다. 그분을 만난 것이 우리에게는 축복이었다. 바오로 회장님은 지금은 하늘나라를 여행 중이시다. 하느님은 만나셨을까? 살아계신 하느님이시니 바로 만나셨을 텐데 또 이렇게 어리석은 질문을 하는지 모르겠다.

우리가 지금도 하느님을 만나고 있다는 것을 그렇게 보여주셨음에도 왜 하늘나라에서만 만난다고 생각할까? 아니다. 그것을 알지만, 하느님이 희미하게 보이는 것이 아니라 마주 뵙게 된다는 것이 너무 좋아서 나오는 말이다. 단지 그것뿐이다.

'하느님! 인간적인 허물은 말끔히 씻어주시고, 정바오로 선생님 칭찬 많이 해주세요. 그럴 자격이 충분히 있는 분입니다.'

(정태희 바오로 선생님이 돌아가신 날에 2011. 2. 25)

우리 어머니만의 자장가

일요일 아침에 라디오에서 흘러나온 독일 미사곡 중 입당송은 오래전에 돌아가신 어머니에 대한 그리움에 잠기게 하였다. 어머니가 보고 싶다는 생각에 깊은 한숨이 토해진다. 어머니가 생존해 계실 때 옆에서 이 성가를 부르면 "나도 그 성가 좀 가르쳐다오. 기쁠 때도, 슬플 때도 부르면 좋겠구나." 하며 우리를 부러워하셨다. 어머니는 한글을 모르셨기 때문에, 가사를 아는 우리들이 목청껏 노래 부르는 것을 부러워하시며 그만 부르려고 하면 더 좀 부르라고 재촉하시던 모습이 새삼 그리워진다.

가사가 이렇게 되어 있다.

1. 기쁨이 넘쳐 뛸 때 뉘와 함께 나누리.
   슬픔이 가득할 때 뉘게 하소연 하리
   영광의 주 우리게 기쁨을 주시오니
   서러운 눈물 씻고 주님께 나가리

2. 당신이 아니시면 그 누가 빛을 주리
   인생은 어둠 속에 길 잃고 방황하니

희망의 주 내 삶의 길 인도하시오니
나 언제나 주안에 평화를 누리리.

어머니가 돌아가셨을 때 몇 년 동안은, 길을 가다가도 깨끗하게 한복을 입고 지나가시는 노인만 뵈어도, 보고 싶어서 눈물을 닦곤 하였는데, 세월이 약이라고 시간이 지나니 가라앉았다. 새삼 어머니를 그리며 다시 듣고 싶어서 슈베르트의 미사곡을 신청하였다.

그 시절 방송을 들으며 여러 장르의 음악도 알게 되고 마음이 순화되는 그런 시간들을 보냈다. 행복한 시절이었다. 음악방송은 진행자의 역할이 무엇보다 크다고 느끼며 들었다.

지금 생각하면 우리 어머니는 한글은 모르셨어도 내가 4살 때인데, 새벽녘 이불 속에서 구전으로 어머니가 가르쳐 주는 대로 기도문을 외워서 서양 신부님 앞에서 줄줄 외워 모니카라는 본명으로 세례를 받았던 기억이 난다. 그 당시 기도문은 길기도 하였다. 고백의 기도나 사도신경도 아주 길었다. 신부님이 잘했다고 우리는 볼 수도 없던 사탕이랑 공책 연필 등을 주셨다.

아! 옛날이여~ 그 시절이 마냥 그립다.

또 어머니가 부르던 노래가 성가 말고도 어머니 나름대로의 곡과 가사의 노래가 있었는데 전부는 생각이 안 나지만 이런 가사가 생각난다.

따분 따분 따분자야 너 왜 울고 어디 가니
우리엄마 산소 앞에 젖 먹으러 간단다.
산을 넘고 물을 건너 엄마 산소 앞에 갔더니
우리엄만 안 보이고 노랑참외만 열렸네.
하날 따서 먹었더니 우리엄마 젖맛 같구나.

또 자주 불렀던 노래는 손자를 재우려고 자장가처럼 부르시던 달공 타령이다.

검둥개야 짓지 마라 꼬꼬 닭아 울지 마라
네가 울면 우리 애기 잠이 깰라
달공 달공 달공 달공 우리 애기 잘도 잔다.
할아버지가 장에 가서 밤 한 말을 팔아다가
실겅 위에 두었더니 생쥐가 들랑날랑 다 까먹고
밤 한 톨이 남았네.
그걸 까서 겉껍질은 새앙 쥐 주고,
번데는 내가 먹고 속밤은 너를 주마
달공 달공 달공 달공 우리 애기 잘도 잔다.

어머니 특유의 가락으로 부르셨는데 안타깝게도 가사가 정확히 생각나지 않는다. 70년대쯤에만 적었어도 다 생각이 났을 텐데. 어머니가 가신 지 몇십 년이 흐른 뒤에야 생각을 해 보려니 가물가물거린다.

이따금 옛날 것이 궁금해서 물어보려고 주위를 살피면 이미 다들 돌아가셔서 마냥 사실 것처럼 여쭤보지 못한 것이 안타까울 뿐이다. 새삼 그립다.

아버지가 살아계실 때에 시골에 가실 일이 있어 모시고 가는데, 그날도 예외 없이 녹음이 된 아무 테이프나 하나 밀어 넣었다.

그날이 월요일이었다.

방송에서는 "여러분 안녕하세요. 오늘 수요일, 인사드립니다."

이런 멘트가 나온다. 뒷좌석에 앉아 가시던 아버지가 "오늘이 수요인가?" 하며 의아해하셨다. 아니에요. 지난 방송을 듣고 있어요. 대답은 하였지만 좀 민망스럽다. 또 언젠가는 멀쩡한 날인데.

"지금 밖에는 시원스레 비가 내리고 있네요." 이런 멘트가 나오자

"지금 비가 와?" 하며 창밖을 내다보신다.

며느리가 운전하는 차타고 다니시며 헷갈리기도 하셨다. 이제는 아버지도 안 계시니 옛날 얘기로나 남은 일이 되고 말았다.

아현동 도시가스 사고가 나서 전쟁이 지나간 후에 폐허를 보는 것 같은 참담함이 있었던 그 이튿날, 가정음악에서 들려오는 말이 숙연함마저 느끼게 했다. 우리나라를 커다란 슈퍼마켓에 비유했던 얘기를 곰곰 씹어보며 알아들을 수 있는 귀를 가진 자만이 깨달을 수 있는 말이구나 싶었다. 우리나라의 도처에서 벌어지는 사건들이 기막히는 일들뿐이라 귀 막고, 눈도 감고 싶을 뿐이다. 이제 며칠 남지 않은 12월이 무사히 지나고 95년은 평화로운 해가 되기를 간절한 마음으로 기도하게 된다.

D.J님! 기쁜 성탄절이 되기를 바라며 아울러 희망찬 새해, 좋은 짝을 만나는 한 해가 되기를 기도합니다. 신청곡도 부탁합니다. 누구의 곡이던지 AVE MARIA를 들려주시기 바랍니다.

9시 첫 인사를 듣고 나가려고 기다렸는데 들려오는 목소리가 감기 기운이 있는지 가라앉아 있다. 임신 중에 감기가 걸리면 약도 마음대로 먹을 수도 없고 충분한 휴식과 맛있는 음식 잘 먹는 길밖에 없을 것 같다. TV 광고에서 배부른 모습을 보았는데 얼마나 대견하고 사랑스럽던지, 나까지 행복한 마음이 든다.

나는 길에서도 배불뚝 나온 임부들을 만나면 복부를 가만히 쓰다듬어

주고 싶은 생각이 든다. 얼마나 장한 일인지, 귀한 생명을 잉태하고 있는 모습들이 그렇게 신비할 수가 없다. 이제 해산달이 다가와서 걷기도, 앉기도, 불편하고 특히 누웠다 일어나려면 옆집에 불이 났다고 해도 벌떡 일어설 수 없는 그런 상황 일 것이다. 그러나 고물 고물 엄마를 건드리거나 축구를 하듯이 복부를 걷어찰 때의 그 신비스러운 감정은 힘든 일을 상쇄하고도 남을 기쁨일 거라는 생각이다.

최선을 다해서 공부하고 시험을 치르고 조용히 결과를 기다리고 있는 유진이, 상미, 정혜에게 음악을 선물합니다. 하신 분은 안암동에서 애청자라고 하셨는데 낯이 익은 엽서예요.

오늘 뉴스를 보니까요. 대학 시험에 실패했을지도 모른다는 것 때문에 농약을 먹고 어머니하고 동반 자살을 한 모자 얘기가 있었지요. 신문에도 나고, 뉴스에도 나고, 또 어제 저녁 6시쯤에도요. 아들이 대학에 실패했을지도 모른다고 해서 문고리에 목을 매 자살한 아버지도 있고, 참 대학이라는 게 말이지요. 이렇게 부모와 자식 간에 커다란 벽을 두고 있다는 것은 문제가 있지 않을까요. 그런데 이런 엽서가 있다는 게 참 반갑고 위로가 돼요. 어머니가 딸과 친구들에게 공부 다 하고 조용히 결과를 기다리고 있는~ 이런 사연을 주시는 것은 참 행복한 부모님이고 행복한 자녀이고 그렇습니다. 이런 엽서가 앞으로 이 시간에 음악 싸롱에 많이 왔으면 좋겠네요.

이때에는 음악방송 들으며 행복하던 시절이었다. 요즘에는 다른 바쁜 일들이 많아져서 차분하게 음악 들을 수 있는 시간이 없는 게 많이 아쉽다. 젊은 시절에 열심히 들었던 것이 마음의 양식이 되었던 것을 위로 삼으며 새롭게 바빠진 일들에 최선을 다하고 싶다.

6

쌀붕어를 잡던 시절

사랑의 십자가

LA딸네 집에 있는 동안 테미큘라에 있는 꽃동네를 방문하게 되었다. 딸네와 토요일이면 요양원에 가서 음악 봉사하는 팀 다섯 가족이 어머니가 연세가 있으셔서 좋아하실 것 같다며 온천을 예약하고 엘림유황온천엘 갔다. 난 실은 온천이나 물이 있는 곳은 별로 좋아하지 않는데 생각외로 야외 온천이 유황 성분도 많은 곳이어서 1박까지 하며 즐겁게 보냈다. 미션 성당마다 있었던 후추나무가 그곳에도 빨간 열매를 주렁주렁 매단 채 있어서 그 나무를 만난 것도 행복하다. 그곳 사장님이 후추 씨를 따 주어서 집에 와서 화분에다 심었다. 과연 싹이 틀지, 우리 집은 터가 좁아 심을 곳이 마땅치가 않다. 터가 넓은 이웃에다 주면 될 일이다. 이곳, 엘림유황온천에 데려온 아들딸 같은 젊은 분들이 있어서 달걀 익는 냄새가 나는 유황 온천도 경험하였다.

엘림유황온천을 운영하시는 70이 넘으신 내외분이 70년대에 이민 가셔서 고생하며 열심히 사신 이야기도 들려주고 자녀들 키우던 어려움도 이야기 한다. 이민 온 후로는 한 번도 한국에 간 일이 없다고 하여서 깜짝 놀랐다. 내 마음이 다 시려 와서 어머니도 안 보러 가셨는지 물었다.

자리가 잡힌 다음에 어머니를 모셔 와서 함께 살았다는 말에는 내가 다 안심이 되어서 감사하다.

딸이 성장해서 변호사가 되었다. 어느 날 변호사 일을 할 수가 없다며 그만 두었다. 정직하게 일을 할 수가 없다고 하였다. 보수를 많이 받고 상대편을 어떤 방법을 써서라도 넘어뜨려야만 되는 일은 하느님 보시기에 아니란 생각이 들었다며 다른 길을 택하였다고 해서 감동이었다. 이런 말씀을 들은 것만으로도 행복하다. 전직 변호사 따님께 하느님의 축복이 비처럼 쏟아지기를 기도하게 된다. 하느님, 이런 일을 통해서도 찬미를 받으소서.

돌아오는 길에 꽃동네를 방문하였다. 피정하러 자주들 다니는 곳인 듯하였다. 마침 수녀님 두 분과 봉사자 몇 분이 배추 100포기를 다듬고 계셨다. 일시에 방문한 젊은 부부들이 다 일꾼이 되어 엄청 많은 양파를 다듬고 배추를 절였다. 하느님이 때 맞춰 일꾼들을 보내주신 듯 빨리 일을 끝냈다. 오후 시간이어서 돌아올 시간이 얼마 안 남았는데 수녀님이 시간을 적절하게 배분해서 시간을 정하신다.

산 위에 세워진 십자가 있는 곳에 올라가서 기도하고, 간단히 라면으로 저녁을 먹고 저녁미사를 하고 돌아가라고 하신다.

왜 십자가를 아주 높은 곳에 설치를 했는지, 높은 곳만 보면 뒤로 물러서는 나를 딸이, 엄마도 가실만 하다고 등을 밀어서 할 수 없이 올라갔다. 취학 전 꼬마들까지 가는 길이니 괜찮겠지 올라가는데 너무나 좁고 가파른 길이다. 숨이 찼다. 유나아빠가 잡고 올라가서 그나마 정상까지 올라갔지만 등에는 땀이 났다. 내려올 때는 이안이 아빠가 잡아주었다. 얼마나 힘이 드는지 정강이에 힘이 풀려서 주저앉을 것만 같았다. 다람쥐처럼 내려가는 아이들이 부럽다. 이런 상황을 받아들이기가 싫지만, 그래도 이 세상 여정이 끝나고 하느님나라에 갈 때까지 순응하며 살아가야지 도리가 없다.

그 후 이안이 아빠는 몸살감기로 고생을 했다고 하여서 나 때문인 것 같아서 미안했다. 온 몸을 다 실려서 내려왔으니 몸살이 날만도 하였다.

사랑의 십자가가 세워진 데에는 전해오는 이야기가 있다. 1972년도에 프랑스의 어느 분의 꿈에 예수님이 슬픈 모습으로 나타나셔서 왜 그렇게 슬픈 얼굴을 하셨는지 질문을 하였다고 한다.

"이 땅에 믿음이 없고 하느님 아버지를 사랑하지 않는 것 때문에 내 마음이 너무 슬프다." 49번을 나타나셨는데 주신 메시지가 내 영광의 십자가를 세우라고 하시며 십자가 아래에서 묵주기도를 바치며 회개하라고 하셨다. 세로 길이 738미터 가로 길이 123미터의 크기로 세우고 주님이 영감을 주시는 장소에 세우라고 하였다.

미국에도 두 군데를 세우라고 하였는데 그 한 곳이 꽃동네 정상에 세워진 십자가이다. 현재는 100분의 1 크기로 세워졌지만 언젠가는 본래의 크기로 세워질 것이라고 한다. 정상에서 아래를 내려다보니 멀리까지 다 한눈에 보인다. 사랑의 십자가가 온 누리를 감싸고 있는 듯하다. 세상이 너무나 악으로 치닫는 것을 보시고 사랑의 십자가 아래에서 회개하며 기도하라고 주시는 메시지일까?

「도쥴레의 기도」

'묵주의 기도 매 단에 이어서 이 겸손한 기도를 바쳐라'
"나의 하느님, 당신을 모독하는 이들에게 자비를 베푸소서.
그들을 용서하소서. 그들은 자기가 하는 일을 모르고 있습니다.
나의 하느님, 온 세상의 모든 중상과 비방하는 이에게 자비를 베푸소서. 그들을 사탄의 입김에서 구원하소서."

"나의 하느님, 당신으로부터 달아난 이들에게 자비를 베푸소서. 그들에게 거룩한 성체의 진정한 가치를 올바로 알게 하소서."

"나의 하느님, 당신의 영광스러운 십자가 아래에서 진심으로 뉘우치는 이에게 자비를 베푸소서. 그들로 하여금 우리 구원자이신 하느님 안에서 평화와 기쁨을 찾게 하소서."

"나의 하느님, 아버지의 나라가 오시도록 자비를 베푸소서. 그때가 가까웠으니, 자, 내가 곧 가겠다. 아멘. 오소서, 주 예수여."

"주님, 당신의 무한하신 자비의 보화를 온 세상에 쏟아 주소서."

그런데 사랑의 십자가 아래에는 93세에 돌아가셨다는 몬시뇰, 원필호 사도요한의 유해가 모셔져 있다. 은퇴하신 후 꽃동네에서 사셨다고 한다. 돌아가실 무렵 4년 동안 봉성체 하실 때마다 "저의 모든 죄를 사하시고 연옥을 거치지 않고 직천당 가게 해주소서. 지구촌에 태어난 모든 사람들을 한 사람도 빠짐없이 알뜰히 구원하소서." 정신이 없는 상태에서도 이 기도만은 꼭 하셨다니 연옥 영혼들을 구원하시는 일에 온 힘을 쏟으신 것처럼 느껴져서, 나 역시 전대사 기도를 더 열심히 해야지 하는 사명감이 생긴다. 하느님, 감사하며 찬미 드립니다.

그분의 장례미사 때에 몬시뇰을 모시고 살았던 수녀님이 기도 중에, 제대 위가 훤해지는 것을 보며 몬시뇰이 연옥을 거치지 않고 직천당 가셨나 보다고 깊은 감동을 받았다고 하였다. 돌아가실 무렵 매일같이 졸랐다고 한다. 직천당 가시는 것 꼭 보여주고 가시라고, 그래서 그런 느낌을 주고 가셨을까?

그곳에서 피정지도를 하시는 두 분 수녀님, 전 바르틀로메오 수녀님과 베드로수녀님은 몬시뇰이 영혼들을 위해기도 하는 것을 보고 사셔서인지 전대사 기도에도 많은 관심을 가지셨다. 지금까지 만났던 분들 중에 내가 하고 다닌 기도에 지대한 관심을 가지신 분들은 테미큘라 꽃동네에 계신 두 분 수녀님이셨다. 한국에 돌아가면 전대사 기도 해달라고 숙제까지 주셔서 돌아오자 곧바로 몇 번이나 순교자 성지에 다녀왔다.

'하느님, 영혼구원을 위한 사도의 직분을 주신 것만 같아 감사합니다.'

박경원 라파엘이 떠나면서 할머니에게 맡기고 간 사명으로 알고 더 열심히 실천하게 됩니다.

행복하여라, 죄를 용서받은 이!
행복하여라, 죄를 용서받고, 잘못을 씻은 이!
행복하여라, 주님이 허물을 헤아리지 않으시고,
그 영에 거짓이 없는 사람!
제 잘못을 당신께 아뢰며, 제 허물을 감추지 않았나이다.
"주님께 저의 죄를 고백하나이다."
당신은 제 허물과 잘못을 용서하셨나이다. (시편 32편)

이 시편 말씀대로 늘 통회의 기도를 하셨나 보다.

수녀님이 우리들 보고도 네 탓, 내 탓 하며 싸우지 말고 섭섭한 마음이 들 때 상대방에게 하고 싶은 말을, 하소연처럼 예수님께 다 털어놓으라고 하신다. 특히 사람을 판단하지 말라고, 각자 보는 시각이 다를 뿐인데 내 잣대로 판단하면 안 된다고 하시는 말이 이미 알고 있는 말이었지만 새삼스럽게 다가왔다. 십자가 아래에서의 몇 분 동안이, 긴 피정시간인 듯하였다.

원필호 사도요한 몬시뇰의 유해가, 십자가 아래 안치된 것이 우연만은 아닌 듯하다. 나는 그 곳에서 생인손앓이 같이 늘 마음에 담겨 있는 아픔들에 대해 많은 기도를 하였다. 하느님! 자비를 베푸소서.

사도요한 몬시뇰님, 저는 지상교회에서 영혼들을 위해서 기도합니다. 몬시뇰님은 아직은 세상에 남아 있는 저희들의 구원을 위해서 알뜰히 기도해 주소서. 아멘! (2019. 2. 9)

내 이름을 말한다

"달희야! 빨리 안 오고 뭐하니?"

친구 집에 마실이라도 가 있을라치면 어머니가 연신 부르셨다. 앞 뜸의 마주보이는 집이어서 크게 부르면 메아리가 되어 들렸다. 하지만 나만 들리는 게 아니다. 우리 집 뜰은 유난히 높아서 삼이웃은 다 듣는다.

집에 와서는 '엄마는 동네방네 다 들리게 불러댄다.'고 입이 댓발 나오곤 했었다. 그러면서도 어머니가 부르는 '달희야!' 하는 이름이 듣기 좋았다.

지금 만일 엄마가 부르는 소리를 다시 들을 수 있다면 눈썹이 휘날리게 달려갈 것 같다. 당치도 않은 상상은 왜 하는지, 꿈속에서나마 엄마를 만나야지 다른 도리가 없다.

며칠 전에 정말 어머니 꿈을 꾸었다. 이모네를 같이 갔는데 가서 보니 우리 이모네가 아니고 나도 잘 아는 사촌들의 이모네였다. 그분 꿈까지는 꿀 리가 없다고 생각되었는데, 교황님이 오셨을 때, 전대사 기간에 꿈에 보여서 영혼을 위한 기도를 해드렸었다. 그래서일까 꿈에서도 어찌나 반가워하시는지 친이모님 같았다. 현금이 두둑하게 든 봉투를 주머니에 넣어주기까지 하신다. 은근히 좋은 꿈이라 아침밥을 지으며 옛날 버릇이 나왔는지, 휘파람까지 불었다. 20여 명이 있는 가족 카톡방에도 '나 오늘, 엄마 꿈을 꾸어서 좋은 일이 있을 것 같다'고 너스레를 떨며 아침 인사를 하였었다.

컴퓨터 교육을 같이 받는 분 중에 성당 교우가 계셔서 수필집을 드렸다. 내 글은 하느님께 기도하는 사람이 더 공감을 하기에. 다음날 만나자마자 반가워하시며 책장 넘기는 게 아까울 정도로 감동이었다며, 자기는 발바닥 신자라 부끄럽기 짝이 없는데 어쩌면 그렇게 신앙심이 깊을 수가 있는지 많이 배우겠다고 하신다. 누구누구에게 주고 싶다고 몇 권을 더 원하셔서 드렸다.

꿈을 꾼 날, 그분을 만났다. 거절 못하게 아예 입막음을 하시며 책보다 더 많은 책값을 주신다. 아침에 예견한 대로 엄마의 꿈을 꾼 날이어서 꿈땜을 제대로 한 것이다. 알고 보니 논산에 유명한 내과병원장의 어머니이신데 86세이시다. 내가 만일 86세가 되면 저분처럼 강의를 들으러 다닐 수가 있을지 상상이 안 된다.

내 이름은 아무리 찾아보아도 같은 이름을 가진 이가 안 보인다. 아니다. 그러고 보니 딱 한 사람을 보았다. 본 게 아니라 전화상으로 만났다. 어느 골프장에 서달희라는 내 이름으로 부킹을 하였다. 90년대 초만 해도 비회원도 부킹을 할 수가 있었다.

그런데 하루가 지나서 모르는 남자가 전화를 해서 사무적인 어조로 "여보세요. 내가 서달희인데 왜 내 이름으로 부킹을 했습니까?" 하며 따지듯이 묻는다. 황당했지만 비회원이었던지라 조금 주눅이 들어서 "무슨 말씀이세요. 저도 서달희입니다." 그랬더니 조금 누그러져서 "아, 죄송합니다. 나는 누가 제 이름을 도용해서 부킹을 한 줄 알았습니다." 한다.

부킹 날짜에 골프장에 갔다. 프런트에서 황당하게 전화 받은 일을 얘기했더니 "죄송합니다. 회원 중에 서달희는 한 분밖에 안 계신데 그 회장님도 부킹이 되어 있어서 부득불 여쭤볼 수밖에 없었다."며 미안해한다.

"대한민국에 서달희가 한 사람만 있을라고요?"

궁금한 건 못 참는 성격이라 이름만 같은 다른 서달희를 검색을 해보았다. 누구나 아는 회사의 중역이었다. 그 당시에는 초보였지만 실력을 갖춘 후에 서달희라는 동명이인에게 라운딩 한 번 하자고 청해볼걸 그랬나? 좀 아쉽다.

언제인가 아버지께 "아버지, 제 이름을 왜 달희라고 지으셨어요?" 여쭤본 일이 있었다. 보름달처럼 환하게 어두운 곳을 비추며 살아가라고 지었다고 하셨다. 그런 역할까진 못하고 살지만, 나는 내 이름 석 자, 徐達姬가 너무나 정답게 느껴진다. 이름 이야기를 쓰다 보니 새삼 어머니, 아버지가 보고 싶어서 한숨만 토해진다.

어느 주일날 강론에 신부님이 이름표를 달아야 되는 이유를 말씀하신다. '내가 죽었을 때 기억해서 기도해 준다.' 신부님의 이 말씀에 정신이 번쩍 들었다. 성당에서 만들어준 이름표를 달지 않는 신자들을 향해서 그 사람의 이름을 모르면 누군지를 몰라서 기도해 줄 수가 없다는 말씀에 백 번 공감이 되었다.

어떤 사람을 말할 때 그 사람의 이름을 모르면 어떻게 설명을 해야 할지 난감할 때가 있다. 그래서인지 요즘은 어느 단체든지 이름표를 달고 모임을 갖는다. 이름표를 가슴에 다는 일이 어색해서 돌려서 달고 행사를 치른다. 그 다음부터는 그것을 방지하기 위해서 앞뒤로 이름을 써놓았기 때문에 꼼짝없이 이름표를 달게 된다. 어색한 것은 잠시뿐이고 감동으로 글을 읽었거나 명성만으로 알던 분을 이름표 덕분에 대면할 때면 반가운 마음이 든다. 초등학교 입학시절에 달던 기억이 나서 좀 어색하지만 요즘에는 합리적인 방법이 되었다. 다시 어린 시절로 돌아가는 듯해서 즐겁기도 하다.

기도를 받으려면 이름표를 꼭 달아야지 하는 마음이다.

노년의 도전 파크골프

텃밭에 나갔다가 발이 꼬인다고 느끼는 순간 소쿠리를 내동댕이치며 엎어지는 바람에 무릎과 허리를 심하게 다쳤다. 시술도 받았지만, 내가 장애인이 되는 게 아닐까 싶을 정도로 거의 2년여를 절뚝이며 걸었다.

20여 년이나 골프를 쳤었는데 골프도 접은 채 지내다가 걷기 운동을 하려고 백마강변에 있다는 파크골프장을 찾았다. 파크골프라고 하여서 갔는데 공 한 개와 채 하나를 주면서 쳐보라고 하여 황당하였다. 내가 너무 꼬부랑 할머니가 된 것 같은 느낌이 들었다. 도저히 운동이 될 것 같지 않았다. 하지만 절뚝이는 무릎으로 필드에는 갈 수가 없으니 걷기에는 제격이라는 마음에서 하루 이틀 하다 보니 이렇게라도 잔디밭을 걸을 수 있다는 것에 감사해서 일주일에 서너 번씩 다니게 되었다.

파크골프는 80년대에 일본에서 노약자와 장애인을 위해서 처음 만든 운동이라고 한다. 노인들이 공원에 우두커니 앉아만 있는 것이 안타까워 노약자가 다룰 수 있는 길이의 스틱과 아이들 주먹만한 공을 만들어 주고 홀에 넣는 운동을 하게 하였다. 무작정 걷는 것보다 미니골프처럼 운동을 하니 즐거움이 배가 되어 급속도로 숫자가 늘었다.

지금은 우리나라는 물론 여러 나라에서 많은 사람들이 하는 운동이 되었다고 한다. 더 좋은 것은 파크골프는 생활체육에 포함이 된다. 마을마다 한 곳씩 있는 게이트볼처럼 누구나 즐기는 운동이라 비용이 없다는 장점이 있다. 우리들이 좋은 세상에 살고 있다는 것만으로도 감사할 일이다.

2017년 어느 날, 구장에 갔는데 충남파크골프협회 임원 분들이 오셔서 여러 군에서 모인 사람들을 단체로 교육을 시키고 있었다. 이유도 모른 채 나도 거기에 합류하여 실기와 이론을 배우게 되었다. 2018년도에 있을 전국파크골프대제전에 나갈 선수들을 교육하는 것이라고 한다. 그렇게 시작되어 몇 개월을 연습하고 경선을 거쳐 충남대표 남 여 선수 40여 명이 선발되었다. 나는 골프를 쳤기 때문에 자치기스윙이 아닌 골프 샷이 자연스럽게 나와서 쉽게 접근이 되었다. 덕분에 충남시니어 여자대표가 되었다.

드디어 2018년도 파크골프대제전이 5월에 열렸다. 그것도 집에서 10여 분 거리인 부여구장에서 열리게 되어 홈그라운드의 이점을 단단히 보았다. 집에서 편안히 쉬고 다니니 제주도나 울산 등, 전국에서 미리 와서 불편한 숙박을 한 선수들보다는 컨디션이 월등 나았다고 할 수 있다. 전국에서 선수임원들이 5백여 명이 모였다. 선수들은 갈고 닦은 기량들을 뽐내려고 며칠 전부터 부여구장에 와서 연습에 열중들을 하고 있다.

나는 시니어부 단체전에서 2인 1조가 되어 포섬경기를 하였다. 나도 티샷을 할 때 OB도 나고 연습했던 실력을 다 발휘하지는 못했다. 곽해임 선수도 티샷을 할 때는 긴장이 되는지 실수를 한다. 평소에는 자타가 공인하는 실력이었는데 부담이 되는 경기라 그런지 오비를 낸다. 실망을 하기에 걱정하지 말고 평소대로 치라고, 아직 많은 홀이 남았다고 격려를 했더니 다시 제 페이스를 찾았다. 끝나고 나서 언니가 격려를 해주는 그 말에 다시 자신감을 갖고 경기에 임했다고 한다.

드디어 마지막 홀, 파3, 티박스에 섰다. 곽 선수의 티샷 차례이다. 티샷하려는 자세가 타의 추종을 불허할 만큼 완벽하다. 나는 긴장이 되어서 눈을 감았다. 오래 걸린다 싶었는데 드디어 공을 친 소리가 들린다. 느낌이 좋다. 눈을 떴다. 이틀 동안 친 36홀 중에 가장 멋지게 날아가고 있다.

'와우! 성공이다.' 드디어 안착이 되었다. 그런데 홀을 둘러싼 갤러리들 이 웅성거린다. '뭐지?' 이 느낌이 아닌데, 누군가 두 팔을 들어 야구장에서 심판이 보여주는 모션을 취한다. 두 팔을 머리 위로 든, "저게 무슨 표시야? 세입이라는 거야? OB라는 거야?" OB란다. 난 얼마나 실망이 되었는지, "괜찮아 아직 홀이 많이 남았어. 힘내!"라는 말도 못하고 나도 모르게 "우린 게임 끝!" 하고 말았다. 너무 집중을 하고 쳐서 홀을 넘기는 샷이 나온 것이다. 차라리 짧았으면 파는 할 수 있었는데 두 타의 벌타를 먹었다.

2일간의 경기가 끝나고 순위가 발표되는데 우린 포기하였기 때문에 귓등으로 듣고 있었다. 그래도 여자시니어 단체전에는 어디에서 온 팀이 1등일지 귀를 기울이게 된다. 그런데 전국 1등에 충남 부여에 서달희, 곽해임이 호명되는 순간, '잘못 들었나?' 도저히 믿기지 않았다. 개인전보다 쉽다고는 하나 동반자와 호흡이 잘 맞았다고 할지 꿈같은 일이 벌어진 것이다. 아마도 다른 팀들은 우리보다 더 많은 실수들을 했나 보다. 하긴 우리와 같이 친 선수 팀도 전국에서 늘 우승권에 드는 선수들인데 무슨 일인지 스스로 무너지고 있었다.

충남파크골프협회가 종합순위 전국 2등을 하였다. 이 일에 여자시니어 단체 팀이 일조를 한 것 같아서 뿌듯하다. 실은 충남협회에서 우리 단체 팀에 기대를 걸고 있었기 때문에 부담이 되었었다. 개인전에서도 일반부 여자팀에서 서산의 이성희 선수가 전국 1등이라는 놀라운 성과를 거두었다.

전국 파크경기가 여러 곳에서 많이 열리지만 대제전경기에는 한 번 출전하면 3년 동안 자격이 주어지지 않는다. 3년 후면 나도 팔십을 바라보는 왕 시니어가 된다. 그때에도 출전할 수 있는 체력이 될지 미지수이지만 지구력을 가지고 열심히 운동하면 가능할 지도 모르겠다. 희망사항이다. 여자시니어는 65세부터라 10여 년이나 연상인 나는 체력면에서 일단 손해를 보고 있다. 젊음을 따라잡는 방법이 무엇이 있을지, 대안을 찾아보자. 꾸준히 연습하면 될지도… 목표를 가지고 열심히 하다 보니 나도 모르게 무릎이 제 기능을 찾아서 파 5홀인 첫 티박스에 서면 힘찬 티샷을 날리게 된다.

이번에 파크골프에 전념하다보니 카톡도, 전화도 다 무시한 채 지냈다. 여러 친지들에게 섭섭함을 느끼게 해드렸다. 이번에 깨달은 게 있다. 내가 바쁘면 모든 걸 다 대응 못하고 지내게 된다는 사실을 알게 되어서 답글도 없는 상대방에게 조금 섭섭하게 생각되었던 것을 다 이해하게 되었다. 문자 볼 시간도 없을 뿐더러 전화도 못 받을 정도로 바쁜 일이 있나 보다. 배려해 주게 된다.

파크골프 덕에 무릎과 허리도 건강해지고 상대방에 대한 폭넓은 이해심도 갖게 됐으니 이런 걸 일석이조라 하나 보다. 마음이 느긋하고 즐거우니 아마 3년 후 대제전에서도 우수한 성적을 유지할 것 같기도 하다.

대회가 끝난 얼마 후 구장에 갔다. 전국 파크골프대제전에서 '전국 1등에 충남 부여에 서달희, 곽해임'이라는 축하 현수막이 바람에 날리고 있다. 팔십을 바라보는 시점에 내 이름 석 자가 파란 하늘을 배경으로 날리는 모습에 쑥스럽기도 하지만 기분이 좋다. 파크골프가 아니고서야 이런 경험을 어떻게 할 수가 있으리.

'하느님, 이 모든 일들을 감사할 뿐입니다. 마음에 평정심을 갖게 해 주셔서 자신감을 가지고 경기에 임할 수 있었습니다.' (2018. 5)

물결은 천 번 만 번 밀려오는데

다섯 자매 중에 가장 마음이 잘 맞는 안성언니네 갔을 때이다. 농사일이 끝난 후라, 언니랑 한적한 논둑길을 걸었다. 언니가 아주 오래전 60년대에 백령도에서 한 3년 동안 지낼 때의 이런저런 이야기를 들려준다. 그 중에 마음 짠했던 이야기가 있다. 그 당시에는 폐결핵이 불치병처럼 무서운 병이었다. '성 안드레아 병원'에 결핵환자가 40여 명이 장기 요양을 하고 있었다. 격리되어 있는 병동을 지나노라면 환자들이 담 너머로 울 밖을 바라보며 부르는 노래가 있었는데 지금도 그 사람들의 처량한 모습이 떠오르고 들려오던 노래가 귀에 맴돈다고 한다.

> 아무도 날 찾는 이 없는 외로운 이 산장에
> 단풍잎만 차곡차곡 떨어져 쌓여있네
> 세상에 버림받고 사랑마저 물리친 몸
> 병들어 쓰라린 가슴을 부여안고
> 나 홀로 재생의 길 찾으며 외로이 살아가네.

그분들 모두가 완치되어서 행복한 삶을 살았기를 바라며 공연히 옛날 이야기를 하다가 그 사람들이 불쌍해서 목이 메었다. 또 신자들 방문을 다니다 보면 바다에 인접해 있는 술집들을 지나게 되는데 "언니! 백령도에도 술집이 있어요?" 내가 느닷없이 어리석은 질문을 하였다. 그럼 얘 술집들이 많았지. 아! 그렇겠네. 항구는 아니지만 고깃배가 드나드는 곳이었으니…. 우리 시골에 술집이 없었으니 백령도도 아주 오지로 착각한 내 생각이었다.

낮이라 아직 장사할 때가 아니라 그런지 여자들이 문 밖의 바다를 바라다보며 그야말로 하염없이 부르는 노래가 멀리 지나갈 때까지 등 뒤로 들려왔는데, 그 여자들이 갇혀 사는 것 같아서 너무나 불쌍했다고 한다.

남몰래 서러운 세월은 가고
물결은 천 번 만 번 밀려오는데
못 견디게 그리운 머나먼 저 육지를
바라보다 검게 타버린 검게 타버린 흑산도 아가씨

둘이서 앞뒤도 맞지 않게 이 노래들을 흥얼거리며 왜 그 여자들이 그렇게 불쌍한 생각이 드는지 눈시울을 적셨다. 그 여자들은 언제쯤 육지로 나와서 가족들과 행복하게 살았는지 의문으로 남아 있지만, 가난과 병마에서 벗어나 말년에라도 가족들과 오순도순 살았었기를 기원하였다.

언니가 40여 년 전에 살았던 대청도, 소청도, 가을리 운운하며 다시 한번 가보고 싶다고 하여 '언니야! 조금만 기다려 우리 한번 가자.' 약속은 하였지만 언제쯤이나 가게 될 지는 나도 모른다.

나이를 먹긴 먹었나 보다. 유행가 노래 가사가 어쩌면 이렇게 절절하게 느껴지는지 가사도 틀려가며 부르고 다녔다. 가을걷이가 끝난 들판이 더 황량하게 보인다. 그 후로도 물결이 천 번 만 번 밀려오기를 몇 번이나 하고서야 새 사람이 되어 그 섬을 떠나올 수 있었을지 공연히 가슴이 아려온다. (2004. 11)

본당 신부님

40여 년이나 다니던 성당을 떠나와 부여에서 지낸 지도 1년이 넘었다. 그동안 전원(錢源) 신부님이 하늘나라에 간 어린 천사 라파엘을 두고 어딜 가느냐고 하여서 선뜻 떠나올 수가 없어서 교적을 옮기지 못했다. 그리고 더 큰 이유는 전대사 기간이라 성지미사를 다니느라고 미뤘었다. 많은 영혼들에게 전대사를 봉헌해 드렸다.

우연히도 약속이나 한 듯이 인천에 살던 대자부부가 같이 이사를 왔다. 라파엘이 아플 때 1년을 한결같이 기도를 해 주었는데 라파엘이 할머니, 할아버지 외롭지 말라고 같이 이사 올 수 있도록 도와준 것만 같다. 며칠 사이로 집을 사고, 앞서거니 뒤서거니 이사를 하였다. 이런 일이 있다는 게 꿈만 같아서 아가다와 만날 적마다 이게 그냥 우연히 일어난 것이 아니고 라파엘에게 해 주었던 기도를 통해서 하느님이 도와주신 것 같다고 이야기를 한다. 우린 특히 대자부부가 있어서 얼마나 든든한지 모른다.

이사는 같이 왔어도 아가다가 사는 곳은 논산이 가깝다. 아가다가 논산에 있는 성당으로 교적을 옮기고 같이 다니자고 한다. 그런데 나는 행정구역인 부여성당으로 가야지 기타 구역은 싫다고 하였다. 부여로 이사 왔으면 부여성당으로 다니는 게 좋겠다고 하였다.

이젠 교적을 옮겨도 될 시점이 되었다. 부여로 교적을 옮기던 날 미사에서 본당 신부님 강론 말씀이 얼마나 좋은지 부여성당으로 옮기길 잘했다는 생각이 많이 들었다. 성가정 축일이었는데 부부, 특히 남자, 여자의 다른 점에 대해서 명쾌하게 정의를 내려주신다. 자녀들에게도 완벽을 요구하지 말고 실수할 권리를 주라는 말씀에 공감이 되었다. 실수를 해봐야 같은 실수를 안 하게 된다고 하며 실수를 많이 해본 사람이 세상을 더 지혜롭게 살아갈 수 있다고 한다. 나도 그렇게 자녀를 키우고 싶지만 기회가 이미 없고, 젊은 부모들에겐 많은 도움이 되리라 확신한다.

부여성당에 처음 갈 때 한 마을에 사는 말가리다 자매님과 같이 갔다. 그때 마침 정구사 신부님 등이 박근혜 대통령을 대통령이 아니라고 퇴진미사를 할 때여서, 부여성당 신부님도 시국미사나 촛불 집회를 옹호하느냐고 물으니 아니라고 한다. 만일 그렇다고 하면 교적은 그대로 두고 성지미사나 다녀야지 하는 생각까지 하였다. 그랬는데 박남규 신부님의 강론이 명쾌하고 신자들 대하는 모습이 너무나 부드럽다. 뵙지는 못했지만 부모님이 신부 아드님을 훌륭하게 키우셨다는 생각에 존경스러워진다. 강론 중에 실없는 웃음이 아닌, 엔돌핀이 나올 정도로 기쁜 웃음이 나왔다. 부임하신지 이미 1년이 되었다고 한다. 그래도 4년 동안은 본당 신부님의 강론을 들으며 행복한 마음으로 성당에 다닐 수 있겠구나 싶어 다행이다.

그동안에 본당 신부님들을 많이 만났다. 행복한 마음으로 다닐 수 있게 해주신 신부님들도 계시고 그렇지 않은 신부님들도 있다. 특히 시국발언을 하는 신부님들이 계실 때는 머리가 아팠다. 그런 본당 신부님들 때문에 과감하게 냉담을 하거나, 다른 본당으로 가는 신자들을 볼 때마다 안타까웠다. 우리가 신앙생활을 하는 것이 신부님을 보고 다니는 게 아니고, 하느님과의 만남이니 5년만 참고 지내라고 말해 보지만 머리를 절레절레 흔들며 떠나갔다. 더 다니다가는 신부 미워한 죄만 짓는다고, 대부분의 신자들은 착해서, 또는 신부님들이 하느님의 대리자로서 좋은 면들이 더 많으니까 참고 지냈을 뿐이다. 그래도 그동안 참 힘든 날들이 었다.

외인들을 만날 때도 천주교 신자라는 이유로 많이 힘들었다. 심한 말들도 많이 들었다. "신부라는 X들이 하는 짓거리 하고는…" 하며 막말을 할 때에는 마음이 아파서 변명을 많이 해드렸다. 바른 말을 하실 분들은 신부님들밖에 없다고, 그분들이 아니면 누가 바른 말을 하느냐고 변명을 해드렸지만 지금이 어느 때인데 시국발언이냐며 사사건건 몰려다니며 반대만 하고 데모 선동만 하고 다니니 저런 것들이 무슨 천주교 신부냐고 욕을 할 때면 소견이 짧아서인지 할 말을 잃는다. 북한만 이롭게 하고 체제를 부정하려는 저런 X들이 있는 한은 우리나라는 온전한 대한민국이 어렵다며 화를 냈다.

나도 이런 생각이 늘 들었다. 모든 곳에는 항상 서로 다른 생각을 가진 사람들이 있는데 일방적인 생각만을 강론 주제로 삼지 말았으면 얼마나 좋을까? 다 나름대로 생각이 있는 신자들인데 무조건 신부님의 생각대로 강론을 하면 안 된다는 말씀을 드리고 싶었다. 그동안 그런 강론을 듣고 사느라고 지나온 세월이 힘들었다. 또 그런 경우가 되면 과감하게 성당을 옮길 것 같다. 어느 본당이건 그런 시국강론 좋아하는 50%의 신자들도 있을 것이고, 또 듣기 싫어하는 50%의 신자들도 있는데 늘 일방적으로 강론을 하면 안 되는 일인걸 왜 모르시는지, 치우치지 않는 강론을 하면 신자들 거의가 행복해질 것 같다. 정치적으로 또는 데모를 선동하는 것처럼 보여서 늘 안타까웠다. 하느님의 대리자로서 온유하고 눈빛이 선한 목자이기를 기도하게 된다.

부여로 이사 와서 부여성당에 다니는 것이 너무나 잘한 일인 것 같다. 어린 천사 라파엘이 이 한적한 곳으로 옮기도록 도와준 것만 같아서 하느님께 감사하고, 하늘나라에 있는 라파엘에게 감사하다.

본당 신부님의 선물

선물은 언제나 기쁨을 준다. 값비싼 것도, 그렇다고 사랑하는 연인한테 받은 것도 아니다. 그런데도 선물을 받은 행복이 크다.

4살 때 엄마 품속에서 외운 기도문을 서양신부님 앞에서 달달 외워서 세례를 받았다. 눈도, 코도, 큰 신부님이 머리를 쓰다듬어 주며 사탕과 노트를 주셨는데, 그때 처음 선물을 받은 것 같다. 생전 처음 보는 것들이라 오랫동안 간직했었다.

수십 년 동안 성당엘 다녔지만 어버이날 본당신부님께 모든 교우들이 선물을 받아보기는 부여성당이 처음이다. 3년 전 심하게 넘어져서 절뚝이며 걸어 다녔다. 지팡이를 살 생각도 못하고 기다란 나뭇가지를 집고 다닐 때인데 그해 어버이날 선물이 지팡이였다. 얼마나 요긴하게 사용하였는지 쓸 적마다 신부님께 감사한 마음이 들었었다.

올해도 어김없이 선물을 받았다. 분리수거함도 요긴하게 쓰지만 슬리퍼가 얼마나 발을 따뜻하게 해주는지 왜 이런 것을 진즉에 살줄을 몰랐을까? 난방을 안 해도 춥지는 않지만 거실바닥은 아직 차다. 그래서 일어나자마자 양말을 찾아 신는다. 선물로 받은 바닥도 이중으로 된 슬리퍼를 신으니 신을 적마다 좋아서 웃음이 난다.

한국천주교회의 성당에서 어버이날에 교우들에게 선물을 주는 신부님은 부여성당 주임신부님 한 분이실 것 같다. 신부님! 내년 어버이날 선물은 어떤 선물일까 기대가 됩니다. 그러고 보니 작년에는 11월까지 성지 다니느라 어버이날 선물을 못 받았다. 무슨 선물이었을지 새삼 궁금하다.

조카 신부님께도 팁을 드려야 되겠다. 사목하시는 동안 교무금이며 헌금 등을 정성껏 내는 교우들께 어버이날은 꼭 선물을 드리라고 말씀드려야겠다. 교우들이 느끼는 행복이 얼마나 큰지 모른다고, 어버이날은 아들딸한테만 선물을 받는 날인줄 알았는데, 본당신부님의 따뜻한 배려가 교우들에게 큰 기쁨을 주니 이미 이 세상에서 행복을 느낀다.

90년대에 워싱턴의 한인 성당에 갔는데 미사가 끝나자 모든 교우들이 식탁에 음식을 차려놓고 담소를 나누며 식사하는 광경이 신기하기까지 했다. 한국에서는 혼배미사 외에는 못 보았기 때문이다.

2014년, 부여성당 가족이 되었다. 미사 후에 모든 교우들이 같이 식사하는 것을 보며 새삼 미국에 사는 이민교우들의 기쁜 모습이 떠올랐다. 서울본당에서는 실행에 옮기지 않는 일을 부여본당에서 하는 것을 보며 박남규 신부님은 매사에 생각이 앞서시는 분이라는 걸 알게 되었다. 그리고 뭐든지 잘 만드는 목수 같으시다. 교우들에게 여러모로 행복을 주시는 신부님께 감사하다.

한인 성당에서 느낀 것이 또 한 가지가 있다. 신부님 성함은 잊었는데 신부님의 사목방침이 마음에 와 닿았었다. 사목위원들의 임기가 끝나서 새 임원진을 뽑을 때 열심 하지 않은 교우들로 회장단을 구성한다고 하셨다. 이 핑계, 저 핑계로 성당을 멀리하는 교우들에게 책임을 지워주면 임기가 끝나고 나면 열심인 신자로 탈바꿈 된다고 하셨다. 슬기롭게 사목을 하신다는 생각이 들었었다.

모든 게 다 하느님의 사랑 안에서 이루어지는 일임을 알게 된다.

'하느님, 감사합니다. 찬미 받으소서.'

서진이가 벌써 초등학교 졸업을

매일미사 책 맨 뒤에 학생 졸업미사가 실려 있기에 적어보고 싶어서 일부분만 옮겼다.

「입당송」
하늘은 하느님의 영광을 말하고, 창공은 그분의 솜씨를 알리네.
낮은 낮에게 말을 건네고, 밤은 밤에게 앎을 전하네.

본기도
지혜의 샘이신 하느님, 오늘 졸업을 맞이하는 젊은이들을 비추시어, 하느님을 두려워하는 것이 온갖 지식의 근본임을 깨닫고, 그동안 학교에서 배운 진리를 삶으로 실천하게 하소서. 성부와 성령과 함께 천주로서 영원히 살아계시고 다스리시는 성자, 우리 주 예수 그리스도의 이름으로 비나이다. 아멘.

제1독서
잠언의 말씀입니다.

잠언은 지혜와 교훈을 터득하고, 예지의 말씀을 이해하며, 현철한 교훈과 정의와 공정과 정직을 얻게 하려는 것이다. 또한 어수룩한 이들에게 영리함을, 젊은이들에게 지식과 현명함을 베풀려는 것이니, 지혜로운 이는 이것을 들어 견문을 더하고, 슬기로운 이는 지도력을 얻으라. 그러면 잠언과 비유, 현인들의 말씀과 수수께끼를 이해하게 될 것이다.

주님을 경외함은 지식의 근원이다. 그러나 미련한 자들은 지혜와 교훈을 업신여긴다.

주님의 말씀입니다. 하느님, 감사합니다.

졸업생을 위한 기도

인도자이신 주님, 지나온 시간을 마무리하고 있는 졸업생들과 함께 하시어, 새롭고 낯선 환경에 대한 두려움을 없애 주시고 희망으로 새 출발을 준비하게 하소서. 아멘!

서진이와 모든 졸업생들을 위해서 기도하였습니다.

'서진이가 건강하게 자라서, 슬기로운 지도력을 얻게 해 주시옵소서.'

초등학교 졸업하는 손자, 나 혼자 둔 것 같은 기분이다. (2016. 2. 29)

쌀붕어를 잡던 시절

아이들이 어릴 때에 시골 풍경을 충분히 보여주지 못한 것과 시골에서나 할 수 있었던 놀이 등을 못하고 자라게 한 것이 늘 아쉬움으로 남아 있다. 이슬 내린 논둑길을 발목까지 적셔가며 검둥이를 동무삼아 한없이 걸어가던 길, 우렁이나 방게 잡으려고 웅덩이에 들어갔다가 방게를 잡기도 전에 거머리가 붙어서 발을 동동 구르며 백여 미터나 떨어진 집까지 뛰어갔을 때, 엄마가 떼어내 주시며 거머리를 매달고 집까지 오는 애가 어디 있느냐며 황당해 하셨다.

왕잠자리 잡으려고 다른 왕잠자리를 실에 묶어서 땡볕 웅덩이가에서 하루 종일 서성이며 잠자리를 유인하던 일 등 참 많다. 잠자리를 유인할 때 쓰던 말이 '어부레부레'이었는데 그 당시에는 무슨 말인지도 모르고 썼는데 지금은 그 뜻을 알 것 같아서 민망스럽기도 하다. 몇 마리씩 잡아서 실로 묶은 채로 댑싸리 나무에 올려놓고 밤새 이슬 먹으며 살아 있으라고 정성들이던 일 등이 새록새록 생각이 난다.

또 손등이 얼어 터질 정도로 겨울이면 썰매를 탔다. 그날은 초봄이었는지 얼음이 스르르 깨져서 얼음 속으로 빠져 들어갔다. 그것도 5살짜리 조카를 앞에 태우고 타다가 그랬기 때문에 너무 위험했다. 얼음판 위에는 나와 조카만 있었기 때문에 위급한 상태였는데 얼음 밑에서도 깨진 곳을 찾아 무사히 빠져 나왔다. 썰매가 얼음 깨진 곳으로 떠올랐기 때문에 나도 그곳으로 방향을 잡았다. 지금도 그때 생각만 하면 식은땀이 난다.

손위 언니가 안성에 사는데 지금은 제일 친하게 지낸다. 특히 무슨 걱정거리가 생겨서 '언니, 기도 좀 해주세요.' 부탁하면 열 번이고 '그래 알았다. 기도해야지 걱정하지 마. 다 좋아 질 거다.' 한다.

언니한테는 많이도 혼이 났다. 종종 혼나던 일 중의 하나가, 모내기가 끝나고 벼가 한창 자랄 무렵 6, 7월경이 되면 비가 많이 내리는데 이럴 때는 위의 논에서 아래 논으로 물꼬를 터서 물을 뺀다. 이때 얼래미 채를 들고 나가서 아래쪽 물 흘러내리는 곳에 대고 있으면, 팔딱팔딱 뛰는 쌀붕어가 아주 많이 잡힌다. 그 일이 왜 그렇게 재미있는지 혼날 일은 뒷전이고 일단 많이 잡는다. 잡은 붕어를 버릴 수는 없고 집에 가지고 가며 언니한테 혼날 일에 걱정이 태산이다. 그래서 언니 몰래 슬그머니 가져다 놓고 친구네 가서 한참 놀다 들어오면 혼내려고 하던 시효가 지나서 그냥 넘어가기도 한다.

혼나는 이유 중의 하나가 집안에 비린내 풍기게 고기를 잡아온다는 것과 치마저고리를 예쁘게 해 입혔는데 바느질하기 힘들게 옷을 다 버려 왔다는 죄목이다. 아무리 안 버리려고 해도 붕어 잡느라고 정신이 없다 보면 치마가 후줄근하게 더러워진다. 그 시절엔 왜 꼭 치마저고리를 해 입혔는지, 지금처럼 바지를 입었다면 옷을 더럽히지 않았을 텐데, 내 또래 여자애들 중에서 유독 나만 그러고 다닌 걸 보면 퍽이나 극성맞은 계집애였던 것 같다.

지금도 간혹 어릴 적 꿈을 꾸는데 웅덩이에서 풀섶을 헤치며 우렁이를 잡다가 발을 헛디뎌서 깊은 곳으로 빠져 들어간다. 소스라치게 놀라서 깨면, 다행스럽게도 꿈이어서 실없이 웃으며 어릴 적 추억에 잠기곤 한다.

어머니는 이 붕어를 깨끗하게 손질하여서 일단 막걸리로 만든 식초에 담갔다가 꼬들꼬들 해지면 회 무침을 해 주셨는데 쫄깃쫄깃 그 새콤달콤한 맛을 그 시절에 먹어 보고 지금까지 한 번도 먹어 볼 수도 구경조차도 하지 못했다. 어떤 일류 요리사인들 그 맛을 낼 수가 있었을까? 도저히 못 할 거라는 생각이다. 진해 바닷가가 고향이신 우리 엄마만의 요리 솜씨였으니까. 우리 어머니는 손바느질로 아버지 모시 홑단 두루마기를 지으실 정도로 바느질 솜씨도 좋으셨다. 꼭 재봉틀로 박은 것처럼 표시가 안 났다.

아! 공연히 옛날 생각을 해서 어머니도 보고 싶고 눈물이 다 나네. 어머니가 돌아가시고 몇 년 동안은 엄마가 보고 싶어 몰래 울기도 많이 했다. 갑자기 엄마생각에 돌아 앉아 울고 있으면 만화영화를 보고 있던 어린 딸이 "엄마, 왜 울어요?" 하며 위로하듯 매달린다.

"응, 외할머니가 보고 싶어서 눈물이 난다. 너는 엄마가 있어서 좋겠다."며 눈물을 닦곤 하였다.

길을 가다가도 한복 깨끗이 차려 입으신 할머니만 보아도 엄마 생각이 불현듯 나곤 해서 그 할머니가 안 보일 때까지 바라보며 서 있곤 했다. 엄마가 정말 보고 싶다는 마음에 깊은 한숨을 쉬며, 다 지나간 일이다. 부모님이 계신 분들은 얼마나 행복할지, 살아계실 때 잘 해드리라고 열 번이고 말하고 싶다.

어떻든 그 시절이 무척이나 그립다. 도저히 돌아갈 수 없는 일이기에 더욱 그리워진다. 한 번만이라도 그 즐거웠던 일들을 해 보았으면 좋겠다. 딱 한 번만이라도, 그러나 지금은 도저히 실현 가능성이 없는 일이 되고 말았다. 웅덩이에 방게나 우렁이가 없어진 지도 오래거니와 벼논에 쌀붕어가 헤엄치며 다니던 일은 옛날 얘기로나 들어봄직한 일들이다. 농약으로 인해서 그 생물들이 죽어버린 지가 오래기 때문이다. 그토록 강한 독성으로 키운 쌀로 우리들은 세 끼 밥을 해먹고 산다는 생각을 하면 사람들이 너무 불쌍하다는 마음에 우울해지기까지 한다.

그런데 또 세월이 흘러 요즈음엔 우렁이도 다시 생겨서 벼논에 우렁이가 제초제 역할을 하는 곳도 있다고 들었다. 살아가는 동안 또 얼마나 많은 변화들이 생길까? 다 좋은 쪽으로만 변화되는 세월들이 오기를 바래본다.

가짜 묵주였을까

어느 날 성당 후배와 북한산에 갔다. 구기터널 앞에서 이북 5도청 있는 곳으로 한참을 올라가다 보니, 무슨 절 이름이 쓰여 있고 올라가는 길 표시가 보인다. 무슨 절일까 궁금해서 그곳부터 가보기로 하였다. 꼬불꼬불한 길을 따라 올라갔는데 절 마당 한쪽에 그 절에 대해서 설명하는 안내판이 보였다. 무슨 절인지 찬찬히 읽어보니 어느 왕에 대한 얘기도 적혀 있고 전쟁 겪은 얘기도 쓰여 있다.

둘이 열심히 읽어보며 "어머! 이 절이 뜻이 깊은 절이네. 이런 일들도 있고", 말을 주고받고 있는데 스님 한 분이 지나가다가 우릴 보더니 "공양하고 가십시오." 한다. 그 말이 무슨 말인지 몰라서 엉거주춤 스님을 쳐다보니까 "아직 공양 시간이니 들어가서 공양하고 가십시오." 하며 아래를 향해 휘적휘적 내려간다. 난 아직도 못 알아들었는데 후배가 밥 먹고 가라는 것 같다고 한다. "아니 무슨 밥을 먹어? 우리 보고 왜 밥을 먹으래?" 절에서는 때에 오면 밥을 주나보다고 일단 들어가 보자고 한다. 난 생전 처음 들어보는 말이어서 신기하기까지 했다.

긴가민가하여 머뭇거리며 들어가니 정말 나물 몇 가지와 삼삼하게 간이 된 된장국을 곁들인 밥상이 나왔다. 늦은 시간이라 그런지 우리 둘만 먹게 되었다. 공양이라면 심청이의 공양미 삼백 석이 생각나고 신도들이 시주하는 거로만 알고 있었는데 이런 의미로도 쓰는 말인 걸 그때서야 알게 되었다. 그리고 절에서는 지나가는 사람들에게 밥을 먹이는 후한 인심이 중생에 대한 부처님의 자비를 새삼 느낄 수 있었다. 그런데 밥을 다 먹고 일어서려는데 민망한 일이 벌어졌다. 난 얼마나 어색한지 얼굴까지 빨개졌었다. 성당에 다니면서 절에 와서 밥을 먹었다는 게 공연히 미안한 마음이 들었다. 그 당시에는 절에서는 누구에게나 공양을 한다는 걸 모르던 때였기에 더욱 그런 생각이 들었다.

외국에 다녀오신 지인에게 선물로 받은, 손 안에 쏙 들어오는 금빛까지 나는 소중한 묵주가 있었다. 산책을 할 때나 버스를 타고 앉아서 갈 때나 시간만 되면 손에 들고 다니며 기도하는데 어느 날부터인가 그 묵주가 보이지를 않아서 애를 태우며 찾고 있었다. 가방이란 가방은 몽땅 쏟아놓고 찾아보고, 점퍼며 바지며 주머니마다 이 잡듯이 뒤졌지만 없었다. 마음까지 짠한 게 아쉽기 짝이 없었다. '필경 주머니 속에서 빠졌나 갔지.' 하며 포기하고 있었다. 그런데 "맛있게 잘 먹었습니다." 하며 벗어 놓은 점퍼를 집어 드는데 뭔가 잘그락하고 떨어졌다. '뭐지?' 하며 발밑을 보니 그동안 몇 달이나 찾으려고 애쓰던 예쁜 묵주가 떨어져 있다.

절을 내려오면서 후배에게 묵주 잃어버렸던 얘기를 하며 "내가 이 점퍼 주머니도 열두 번도 더 뒤졌어. 아니 바늘도 아니면서 어디가 숨어 있다가 하필 그곳에서 떨어질 게 뭐야? 민망하게…." 어찌됐든 오늘은 신기하고도 황당한 날이다. 특히 잃어버렸던 묵주를 찾아서 얼마나 좋은지 감사하기까지 하다. 성모님이 "이제 절에 드나들지 마라." 하며 찾게 해주셨나?

부여에 와서 새벽마다 운동하러 가는 둑방길을 걸으며 묵주신공을 하고 다녔다. 집에 와서 아침기도를 하려고 묵주를 찾으니 안 보인다. 입고 갔던 바지 주머니, 점퍼 주머니 등 그날도 이 잡듯이 찾았는데 안 보인다. 안타까워하며 이튿날 다른 때보다 일찍 산책을 가서 앉아 있던 의자 아래에 떨어졌나 샅샅이 찾아보았지만 없었다. 마음이 짠했다. 며칠 후에 외출하려고 옷을 입는데 다른 옷에 걸려있는 묵주가 보였다. 참 그때의 기쁨이란.

그러던 묵주를 영영 쓸 수 없게 되는 일이 생겼다. 양손으로 묵주를 잡고 기도를 하는데 파리가 왼손 등에 앉아 있어서 오른손으로 탁 쳤는데 그만 묵주가 끊어져 버렸다. 아, '이제는 묵주를 못 쓰게 생기는구나. 어떡하지? 수리할 수가 있을까?'

그날에서야 묵주를 살펴보았다. 돋보기를 쓰고서 자세히 살펴보니 '유태인의 왕'이라는 이니셜 'INRI'라는 글자가 없다. 깜짝 놀랐다. 미국의 성모님이 발현하신다는 어느 장소에서 사왔다고 주셨는데, 그래서 더 소중히 여기며 기도했는데 INRI가 없다니, 등이 다 서늘해진다. 그래서 그렇게 잊어버리고 했는데 찾고, 또 찾고 하니까 이젠 아주 못 쓰게 하시느라고 끊어버리셨나 하는 생각이 들며 이제라도 가짜 묵주를 알게 되었으니 감사하고 감사하다. 그런 묵주를 가지고 몇 년을 기도해서 그렇게 마음 아픈 일들이 많았을까? 이런 사실들을 너무 늦게 알게 된 것이 후회가 될 뿐이다. 나는 그래도 느티나무 카페에서 알게 되었지만 아직도 많은 교우들은 모르고 지낸다는 게 안타까울 뿐이다.

사탄의 무리들이 가짜 묵주를 만들어서 많은 사람들에게, 또는 성물판매소에 아주 저렴하게 판다고 하였다. 가정이나 교회를 분열시키려고 하는 짓인 줄을 모르고 묵주나 십자가니까 사고, 그것을 가지고 열심히 기도하는 사람들이 내 주위에도 많다. 많은 홍보가 필요할 것 같다.

LA에 있는 딸네 집에 갔다가 한국에서는 멀지만 여기서는 가까우니까 과달루페 성모 발현지에 다녀가셔야 된다고 딸이 주선을 해서 10여 명이 가는 팀에 합류를 하였다. 과달루페 성모님이 발현하신 곳과 멕시코 여러 성당들을 두루 다니며 은혜로운 순례길이 되었다. 도시 전체가 스페인식 성당들로 꽉 찬 것처럼 사방에 성당들이다. 그런데 왜 그렇게 가난한 나라가 되어서 도처에 양심 없이 사는 사람들이 많은지 이해가 안 되기도 하였다.

많은 순례객을 대동하고 오신 황창연 신부님도 호텔로비에서 우연히 만나 뵙는 행운을 가졌다. 방송 강의에서만 뵈었지만 오래전부터 알고 지내던 신부님처럼 느껴졌다. 그래서 불쌍한 영혼을 위해서 미사도 봉헌하게 되었다.

일행 중에 한국에서 부부가 같이 오신 분이 있는데 올곧게 사시면서 신앙심도 깊은 부부이다. 묵주 얘기를 한참하고 다닐 때라 그 자매한테도 INRI가 없는 묵주나 십자가는 분열을 시키려고 일부러 교묘하게 만들어서 판다고 말해 주었다. 또 일부 신자들도 나쁜 뜻이 없이 실 묵주나 예쁜 묵주들을 만들어서 선물하는데 지금까지는 아무 생각 없이 사용했지만 앞으로는 쓰지 말라고 하였다. 가정에도 분열과 우환들이 많다고 하였다.

돌아오는 날 선물로 묵주를 샀는데 예뻐서 그냥 길에서 샀다고 한다. 마음에 걸려서 "잘 살펴보고 사지요?" 했다. 그런 표시가 없어도 신부님이 방사 축성해 주시면 되지 않을까요? 한다. 토를 달기 싫어서 가만히 있었다.

오후 비행기로 돌아가는 날인데 점심을 먹으러 식당에 들어갔다. 4일

동안 가이드가 주지시킨 일이 언제 어디서든지 가방을 몸에서 떼어놓으면 안 되고 꼭 앞으로 메고 다니라고 신신당부를 하였다. 할머니들이야 잘 지키는데 남자들은 일단 의자에 앉으면 벗어 놓는다. 그날도 부부 중에 남편이 의자에 놓고 세면실을 다녀왔다. 일행이 앉아 있으니까 당연히 걱정을 안 했다. 그랬는데 남편이 화들짝 놀라며 “어! 내 가방이 없어졌다?”며 찾느라고 정신이 없다. 우리들이 다 있었는데 누가 가져갔겠느냐고 같이 찾아보았지만 흔적도 없이 사라졌다.

두 명의 가이드가 이리저리 뛰어다니고 급기야는 주인을 불러서 몰래 카메라를 돌려보았다. 그런데 모두 머리를 숙이고 식사 전 기도를 하는 그 몇 초 사이에 들고 갔다. 남녀가 옆 의자에 앉아 있었다. ‘눈 감으면 코 베어간다’는 속담이 그 식당에서 일어났다. 다 눈감고 기도했으니까.

그 부부는 미국 딸네 집으로 돌아오지 못하고 임시 여권을 가지고 한국으로 되돌아가는 황당한 일이 생겼다. 딸네 집에 다니러 왔다가 회포도 풀기 전에 한국으로 되돌아갔다. 길에서 어설프게 만들어서 판 묵주 때문에 생긴 일이었을까? 공연히 어설픈 의미를 부여해 본다.

‘성모님, 이 어지러운 세상 정신 차리고 신앙생활 할 수 있게 지혜를 주소서.’

강 데레사 수녀님

딸이 대학입시를 보던 90년대 초였다. 시험을 보려고 천안에 있는 단국대학까지 갔다. 그때는 얼마나 추웠는지 온 땅이 얼어붙어서 얼음판처럼 변했다. 시험시간에 늦지 않으려고 새벽길을 가는데 대학입시를 보려고 모두 지방으로만 가는지 고속도로가 주차장이다.

천안나들목을 얼마 남겨놓지 않았는데 모든 차들이 올스톱이다. 설마 길이 풀리겠지 기다리는데 입시 시간이 바짝바짝 다가온다. 20여 분밖에 안 남았다. 그러자 아이들이 차에서 하나둘 내리더니 언덕 아래 얼어붙은 길을 걸어가기 시작한다. 모든 아이들이 다 쏟아져 나온다. 우리 딸도 안 되겠는지 내려서 뛰어간다. 단국대학을 향해서 호수를 끼고 걸어가던 아이들의 모습이 영화를 보는 것 같았다. 학부형들은 차에 갇힌 채 애간장만 태우고 있었다.

그즈음 우리 성당에 계시던 강 데레사 수녀님이 천안성당으로 가셨다. 입시를 보러 천안에 가야 되는데 걱정이라고 하였더니 좋은 교우 집을 소개해 주셨다. 대로변에 있는 약국이어서인지 대로약국이었다. 하룻밤 신세를 지고 왔으면서 지금은 까맣게 잊고 있다.

몇 년이 흘렀다. 어느 주일에 강 데레사 수녀님이 돌아가셨다는 소식을 들었다. 우리 본당에도 계셨기 때문에 수녀님을 위해서 기도하라는 전달이 있었다. 딸과 같이 명동수녀원에 가서 연도를 바치고 왔다. 그리곤 잊어버렸다.

전대사 기간이 여러 번 지났다. 많은 영혼들을 위해서 기도하고 다녔지만, 수녀님은 생각조차 나지 않았다. 기도를 받지 않아도 되는 영혼이여서일 것이다. 그랬는데 자비의 희년일 때 교회 잡지를 보다가 러시아로 해외선교를 하러 가셨던 강 수녀님 이야기를 읽었다. 중한 병으로 치료 받을 때 문병 간 사람들에게 웃음으로 대해주셔서 오히려 문병 갔던 사람들이 위로받고 왔다는 이야기가 쓰여 있었다. 책을 읽으며 수녀님을 기억하게 해주셔서 얼마나 감사한지 지체하지 않고 기도해 드렸다.

'수녀님, 이미 하늘나라에 계시면 불쌍한 영혼에게 기도 양도해 주세요. 저희를 위해서도 특히 유진이네를 위해서 기도해 주세요.' 새삼 천안으로 입시 보러 가던 생각이 나서 수녀님은 이미 하늘나라에 계시지만 대로약국의 두 내외분을 위해서 기도합니다. (황새바위. 1. 1)

서너 번이나 생각이 나다니

경원이(라파엘)가 병원에 입원해 있어서 집안 정리를 못하고 다니던 터라 오랜만에 옷 정리며 책 정리를 하고 있는데, 전혀 그럴 리가 없는 사촌오빠 한 분이 생각이 났다. 처음에는 무슨 그 오빠 생각이 다 날까? 대수롭잖게 생각했는데 서너 번이나 생각이 난다. 다른 사촌들은 다 친정동네에 사시니까 가끔 보지만 그 오빠는 내가 어릴 때 많이 떨어진 고장으로 이사를 가서 만날 수 있는 기회가 집안에 대소사(大小事)가 있을 때나 뵙곤 하였다. 그럴 때 만날 적마다 큰일에 누이들이 빠지면 허전할 거야. 이렇게 꼭 참석하니 얼마나 좋은지 몰라 하시곤 했다. 우리 딸들만도 다섯 명인데 우린 꼭 참석을 하였었다.

아주 오래전에 그 오빠가 아프시다고 하여 우리 형제들이 병문안을 간 적이 있었다. 식사를 못하신다고 했는데 광대뼈가 다 나올 정도로 눈만 퀭하니 누워 계셨다. 이야기 도중에 나와 안성언니가 비신자만 만나면 잘하는 하느님 얘기를 하기 시작하였다. 이미 돌아가신 올케도 신자였고 아들 며느리도 성당에 나간다고 하였다. 아직 기력이 남아 있을 때 대세를 받으시고 건강해지시면 성당에도 다니세요. 그래야 오빠를 위해서 저희들이 기도해 드리지요. 신신당부하고 올라왔는데 그러고는 잊고 살았다. 바쁘다는 핑계로 또 사촌오빠이다 보니 소홀했었다. 그 후엔 집안 대소사에서도 안부만 들었지 뵐 수가 없었다. 그런 오빠가 하루에 서너 번씩이나 생각이 났다. '참 이상하네, 요즘 어떻게 지내시는지 안부 들은 지도 참 오래됐구나.' 그리곤 잊어버리고 하루를 보냈다. 저녁 7시경에 큰오빠한테서 사촌오빠가 돌아가셨다는 전화가 왔다. 이런 부음을 들으려고 서너 번이나 그 오빠 생각이 났나 보다. 하느님! 기도해 달라고 자꾸 생각이 났을까요? 그런 것도 깨닫지 못하고 무심히 지냈군요.

안성 언니에게 전화하니 장례에 참석하게 내려오라고 한다. 언니! 오빠가 기도 받고 싶으신가봐 언니는 가까우니 꼭 참석해요. 나는 절두산 성당에 가서 전대사 은사를 봉헌해야 될 것 같아요. 그런데 그 오빠 영세는 받으셨나요? 본명이 뭐예요? 그럼 받으셨지. 예전에 우리가 다녀온 후로 영세를 받고 기도생활 착실히 하셨대. 요아킴이라고 한다.

다른 일 다 제쳐놓고 장례날 나는 절두산성지에 가서 요아킴 오빠의 영혼을 위해서 전대사를 봉헌하였다.

저녁에 안성 언니랑 장지 다녀온 이야기를 하며 언니! 전대사 은사를 받은 영혼이 우리가 배운 대로라면 그 오빠는 연옥 단련 3일 만에 천당 가신 거네, 하니까 수화기 너머로 "아멘!" 하는 소리가 선명하게 들려온다. 오빠가 아주 착실하게 사셨나 보다. 늦 신앙도 키우시며, 하느님! 감사합니다. 요아킴오빠를 위해서 기도하게 해주심에 찬미 드립니다. 박경원 라파엘의 치유를 위해서도 기도합니다. (2008. 5)

판문점에서의 만남

이런 일들도 벌어질 수가 있는 거구나 싶은 게 순간 어리둥절한 심경이었다. 한편으로는 보수정권에서는 실현 가능성이 없는 일들인데, 문재인대통령과 김정은위원장은 자유롭게 소통할 수 있는 사람들이니 가능한 일이었나 보다는 생각이 스친다.

안보차원에서 나라를 걱정하는 사람들의 마음은 충분히 이해가 된다. 나 또한 그런 걱정이 없는 것도 아니었다. 거짓말을 일상처럼 말한다는 생각이 늘 들었었다. 그런데도 하느님이 도와주시면 평화가 찾아오는 그런 세상이 되지 않을까 희망을 갖게 된다.

5월 10일에 파크골프 전국대제전이 개최되는 일정이 잡혔다. 나도 그 대회에 충남시니어 여자부대표로 참가하게 되었었다. 날짜가 다가오니 충남협회에 누가 되지 않을까 은근히 부담이 되어 5월 1일에서야 성모님께 바치는 9일기도를 해야지 하는 마음이 들었다. 날짜를 맞춰보니 그날부터 시작하면 9일에 끝나게 되어 있어서 감사한 마음으로 9일기도를 시작하였다.

‘성모님! 기도할 수 있게 날짜를 맞추어 주시니 감사합니다.

이번 9일기도는 저를 위해서 하려고 합니다. 작년과 달리 힘이 부치는 듯합니다. 최선을 다해서 경기에 임할 수 있도록 마음을 다잡아주소서. 불쌍한 영혼을 위해서도 기도합니다. 아멘!’

9일기도 이틀째 날인 새벽에 이런 상황이 무슨 일일까 싶게 문재인 대통령 꿈을 꾸었다. 웃는 모습으로 우리 집을 방문하였는데 그때까지도 억지 탄핵으로 대통령이 되었다고 반감을 갖고 있었기 때문에 황당하게만 느껴졌다. 그래도 마음 한편에 담아두고 있었다. 9일기도를 끝내는 마지막 날에는 김정숙여사 꿈을 꾸었다. 참 이게 무슨 일인지,

드디어 2일 간의 파크골프 경기가 시작이 되었다. 2인 1조로 치는 포섬 경기였다. 떨릴 만도 한데 평상시 연습 때처럼 마음이 안정이 되어 경기에 임할 수가 있었다. 동반자와 호흡도 잘 맞아서 실력이 월등한 쟁쟁한 팀들을 제치고 시니어부에서 1등을 하는 성과를 거두었다.

‘성모님! 감사합니다. 전혀 떨리지 않게 해 주셔서 평상시의 실력을 발휘할 수 있었습니다.’

감사기도를 시작하였다. 9일이 되는 18일에 또 김정숙 여사 꿈을 꾸었다. 이젠 의아함과 황당함을 넘어서 무슨 일일까 곰곰 생각을 하게 한다. 기도를 청하는 영혼들의 꿈도 아닌, 그것도 많은 사람들이 외면하는 분들의 꿈을, 9일기도 중에 꾼다는 것이 이해가 안 되었다.

김대중 대통령은 보복의 정치가 아닌 화해의 정치를 하셨는데 이번 정권에서는 억지 탄핵, 억지 구속으로, 대통령을 감옥에 가두어 놓고 선심 정치를 펴는 것만 같아 마음이 불편한데 왜 두 분의 꿈을 몇 번 씩 꾸게 되는지 머릿속만 복잡하다. 무조건 비평만 하지 말고 나라의 안녕을 위해서 기도하라는 뜻일까?

꿈을 꾸어서인지 이번 정권에 대해서 걱정하며 질타하는 말들이 점점 부담으로 느껴지며 무조건 부정적인 시각으로만 보지 말고 잘 되어지도록 기도하자는 말을 하게 된다. 우리나라 창고에 쌓여있던 쌀들이 다 없어졌다는 유언비어 같은 말을 들으면서도 다른 때 같으면 동조하며 비난 섞인 말을 했을 텐데 창고가 넘쳐서 보관도 하기 힘들다는데 굶고 있는, 북한 사람들한테 주었다니 잘 된 일이네 뭐 하는 말이 자연스레 나온다.

6월초에 지인한테 이런 메시지를 보낸 적이 있다.

'선생님, 우리나라에 평화가 이루어지려나 봅니다. 비핵화뿐만 아니라 종전선언까지 논의된다니 「우리의 소원은 통일」이란 노래처럼 정말 남북한이 손을 맞잡고 살아갈 날이 오려나 봅니다.'

'동감입니다. 모니카님!' 하는 답글이 왔다.

'평화의 모후이신 성모님, 저희의 기도를 예수님께 전구해 주소서. 하느님! 저희가 염원하며 드리는 기도를 자비로이 들어주소서. 수많은 순교자가 묻혀 있는 대한민국, 하느님이 도와주시면 모든 일들이 꿈처럼 이루어지이다. 아멘!'

통일까지는 아니라도 남북한이 서로 왕래하며 경제적으로 서로 도움을 주고받고 이념전쟁에서 벗어나 평화롭게 오갈 수 있도록 두 정상이 역사에 남을 일들을 꼭 이루어 주시기를 하느님께 기도하고 기도하게 된다. 많은 이들이 나라를 위한 기도를 한다고 들었다. 거기에 내 작은 기도도 보태어지기를 갈망한다. 나의 이 단순한 생각을 어리석다고 하는 사람들이 있을 것이다. 그래도 나는 하느님께 기도하며 기다리고 싶다.

(2018. 5)

윤을수 신부님을 회상하며

어떤 축복이 시대의 선각자로, 이웃을 위한 사회사업가로 평생을 사신 윤을수 신부님을 뵐 수 있었는지 모르겠다. 아마도 어머니 품속에서 하느님을 알게 된 것이 이유가 될 것 같다.

나는 배우고 싶은 마음에 강의록으로 공부는 하였지만 학교 다니고 싶은 마음이 늘 있던 차에 수녀원에 가게 되었는데 총장이셨던 최로사 언니와 개인 면담 때 공부가 하고 싶다는 말씀을 드렸더니 일단 인가가 나지 않은 학교에 다니라고 하였다. 그곳에서 공부하고 검정고시를 보아야만 상급학교에 갈 수가 있었다. 세 명이 같이 다녔는데 적령기를 지난 후라 어린 학생들과 같이 공부하는 게 쑥스러웠지만 배우고 싶은 열망이 더 커서 잘 견디었다.

졸업 후에 경남 통영에 있는 C여자 고등학교로 가게 되었다. 이사장님이셨던 신부님을 따라갔다. 통영까지는 먼 거리여서 저녁 무렵에야 배가 항구에 닿았다. 출구 양쪽으로 선생님들이신부님을 맞이하는 옆에서 얼떨결에 나도 선생님들의 인사를 받으며 학교에 도착하였다.

통영은 한국의 나폴리로 불릴 만큼 아름다운 곳이라 가는 곳마다 여행지였다. 3층 교실에서 바다를 바라다보면 여객선이며 고깃배들이 떠다니는 게 그림처럼 아름답다. 주일이면 기숙사 언니들과 한산도, 충렬사, 비진도, 남해금산까지도 갔다. 그때만 해도 해저터널을 걸어서는 다녔는데 결혼 후에 가족여행을 가보니, 물이 스며들어서 위험하다고 막아놓았다. 늘 그리운 곳 중의 한 곳이라 몇 년 전에 여형제들끼리 다시 다녀왔다.

수녀원에 처음 갔을 때 좀 특이하게 생각되었던 것이 총장수녀님 이하 학생들까지 서로 언니라고 부르는 것이었다. 총장이나 원장 등은 일을 하기 위한 구분일 뿐이라고 하셨다. 그래서 우리들은 나이가 많고 적고 간에 서로 언니라고 불러서 그 언니라는 단어가 입에 붙었다. 심지어는 집에 다니러 가서 어머니한테까지 언니! 언니! 불러서 어머니가 난감해 하시고, 난 내가 한 말 때문에 눈물이 나도록 깔깔대며 웃었다.

결혼 후에 사회과에 있었던 세시리아 언니를 만났는데 같이 운동을 다니게 되었다. 그 언니 역시 언니라는 호칭을 못 버리고 아무 때나 '라파엘라 언니! 라파엘라 언니!' 하며 부른다. 나보다 몇 년이나 선배이신데 언니라고 불러대니 동반자는 물론 캐디까지 헷갈려 한다. 우리 때문에 사람들이 공도 못 치니 제발 고치라고 부탁드려도 라파엘라에서 모니카로만 바뀌었을 뿐, 꼭 '모니카 언니!'라고 부른다. 라파엘라는 수녀원에서 지어준 이름이다.

몇 년 전에 인보성체회 창설 50주년이 되는 해에 한 가족으로 살았던 언니들을 모두 초대해서 갔다. 오랜만에 만난 언니들이 반가워서인지 언니란 말이 난무하고 있었다. 총장수녀님이 수녀원의 지나간 역사를 컴퓨터로 복원한 것을 보여주며 설명을 하고 계셨는데, 언니들은 거기엔 관심이 없고 애기보따리들을 풀어 놓느라 정신이 없다. 나중엔 총장수녀님이 "아이구 우리 언니들이 너무 말을 안 들으시네요." 웃으시며 난감해 하신다.

아침마다 준주성범을 알아듣기 쉽게 풀이해 주시던 신부님의 육성 테이프도 들을 수가 있어 옛날이 생각나고, 강원도에서 오신 신부님이 윤 신부님 때문에 사제가 되었다는 말씀을 하며 신부님은 사람들에게 기회를 많이 주셨다고 회상하시는데 그 말씀이 너무 공감이 되어 마음으로 울었다. 새삼 신부님이 그립다.

부암동 운현궁 별장자리에 있었던 골롬바 병원에서 학교를 다닐 때이다. 지금은 흔적도 없지만 되짚어 보니 지금의 자하문 하림각 뒷산이다. 어느 해인가 추억을 찾아서 언니들과 올라가서 한참이나 머무르다 왔다. 또 우리 지원생 10여 명이 신부님을 따라 가평의 잣나무숲이 우거진 임초리라는 곳에도 가서 수제비도 만들어 먹고 계곡물에 발도 담그고 즐거웠던 생각도 난다. 그곳에도 다시 가보고 싶었는데 지금은 '아침고요수목원'으로 바뀌었다고 해서 진작에 못 가본 것이 아쉬울 뿐이다.

어느 해인지 부활주일이 지난 후 신부님과 직원들이 대성리로 소풍을 갔다. 배를 타고 강을 건너 맞은편 산으로 올라갔는데 그 산이 진달래 산이어서 산 전체가 분홍 물감을 풀어 놓은 듯 연분홍빛으로 물들어 있다. 지금도 영화 속 장면처럼 향기로운 꽃무더기가 눈앞에 아른거린다. 신부님이 환자들도 갖다 주라고 하여서 돌아올 때 꽃을 꺾어 차에 싣고 왔는데 너무 많아서인지 어질어질 향기에 취해 멀미까지 하였다. 지금도 그 산은 그대로 있겠지?

나는 지금까지 살아오는 동안 하느님의 돌보심을 너무나 많이 느끼며 살고 있다. 정말 하느님을 몰랐다면 어떻게 살았을까? 아마도 삶이 허무하고 행복하지 못했을 것이다. 어려운 일이 닥쳐도 하느님이 계셨기에 잘 참아냈다. 젊은 시절에 신부님께 들었던 소중한 말씀들이 제일 큰 삶의 지표가 되었다. 살면서 이런저런 걱정거리가 생길 때마다 고민한다고 해결될 것도 아니니 자고 나서 내일 걱정하지 뭐 하는 마음으로 저녁기도를 바친 후 잠을 잔다. 아침이 되면 언제 걱정거리가 있었나 싶게 근심거리가 사라지던 일들이 많았다. 너 자신부터 행복하게 살아서 그 행복을 남에게도 전해주라던 말씀이 귀에 들리는 것만 같다.

하느님! 모든 일들이 다 감사합니다. (새감 영성 2012)

죽전 톨게이트에서

벼르기만 하던 청매실 마을을 다녀오느라고 관광버스를 타고 느긋하게 앉아 오는데 맨 앞자리에 앉아 오는 관계로 톨게이트에서 기사가 톨게이트 비를 내느라고 표를 주는 것을 보며 옛날 일이 생각이 나서 피식 웃음이 났다.

죽전 톨게이트에서 표를 내려고 장갑 낀 손을 내밀었는데 순간 꽉 잡혔다는 생각이 들면서 차를 전진시켰는데 장갑이 벗겨지고 말았다. 불결하다거나 화가 날 정도는 아니고 웃음이 났다.

차를 정지하고 있었더니 젊은 총각이(?) 멋쩍게 씨익 웃으며, 장갑 한 쪽을 들고 나와 준다.

"젊은 아가씬 줄 알았죠? 미안해요. 아줌마여서…"

80년대 40대이던 때 이야기이다. 지금은 다 여자들로 바뀌었지만, 80년대만 해도 남자들이 톨게이트 비를 받았었다.

어느 해인가 언니네와 3박 4일 동해안 일주를 하던 때였다. 이런 저런 얘기를 하다가 고속도로비 낼 때 장갑 벗겨진 얘기를 했더니 우리 남편 왈 "아니! 그런 일이 있었단 말이야? 그 자식이 어떤 자식이야, 내 그 자식을…" 하며 싱거운 소리를 해서 언니와 내가 한참을 웃었다. 둘째 언니네와는 많은 여행을 하였다. 그때는 나만 운전을 해서 어디든지 내 일정에 맞추어서 다녔다. 특히 형부가 처제 수고한다고 잘해주셨던 기억이 새록새록 난다. 조금만 피곤해도 쉬게 되면 나는 차 안에서 잠자고, 세 분은 밖에서 담소를 나누고 계셨다. 내가 깰까봐 배려 차원에서 차 밖으로 나가신다. 내가 오십을 바라볼 때에도 형부는 항상 '처제 지금 40은 되었나?' 하여서 웃게 만드신다.

언니네가 어렵게 사실 때도 처제들 셋이 수시로 드나들며 어려운 살림을 더 어렵게 해드렸다. 참 철이 없던 시절이었다. 그런 중에서도 형부는 영화관 프로가 바뀔 적마다 대식구를 데리고 동양극장으로, 화양극장으로 서부영화를 보러 다녔다. 지금도 그 영화관이 있는지? 새삼 궁금해진다.

어머니가 늘 당부하셨다.

'너희들 결혼해서 어디에 살던지 형부 생일에는 정종 한 병이라도 들고 찾아가야 한다.'고 우리들이 얼마나 철없는 짓을 했는지 어머니가 더 미안하셨나 보다. 그렇지만 결혼해서도 언니네 덕을 더 많이 받고 살았다.

세월이 많이 흘렀다. 더 이상 만날 수 없는 형부, 언니가 그립다. 점점 더 보고 싶어지니 형제간의 정은 그런 것인가 보다.

친정아버지가 오신 것처럼

아무 공지도 없었는데 오늘 주일 미사에 유흥식 라자로 주교님을 뵈어서 뜻밖이었다.

주교님이 오늘은 마침 약속이 없는 날이어서 부여성당에 오셨다고 하시는데, 착한 목자가 양떼를 찾아오신 것만 같았다. 대면한 적은 한 번도 없지만 잘 알고 있는 지인처럼 아니면 소식도 없이 친정아버지가 오신 것처럼 반갑다.

유흥식 라자로 주교님의 강론 중에서 생각나는 것을 적어 보았다. 온화한 표정으로 재밌고도, 유익하게 들려주시는 말씀을 들으며 역시 주교님은 다르시다는 것을 많이 느꼈다.

이 세상 도처에서 테러리스트들이 자동차 안에 폭탄을 실고 사람들이 모인 곳이나 건물에 돌진하여 많은 사람들을 살상한다. 이 세상엔 이미 평화가 없는 듯하다. 우리 교우들이 꾸준히 평화의 기도를 해야 한다.

교회를 망치는 테러리스트도 있다. 사람을 죽이는 것이 폭탄만 있는 것이 아니다. 한 치 혀로도 사람을 죽인다. 몇 사람이 모여서 어느 한 사람을 향하여 "그 사람이 글쎄 그랬디야." 하며 확인되지도 않은 말들을 수군덕거린다. 죽이는 말을 하지 말고 희망의 말로, 사람을 살리는 신자들이 되라고 하신다.

예수님이 우리들을 얼마나 사랑하시는지 우리에게 평생 풀라고 내주신 숙제가 있는데 답까지 알려주셨다. 심판 때가 되면 숙제를 얼마나 잘하다 왔는지 보시는데 그 기준은, 기도를 얼마나 많이 했는지, 봉사를 얼마나 잘하다 왔는지를 보시는 게 아니라, 마태오복음 25장 '최후의 심판'에 있는 말씀대로 살다왔는지를 보신다고 하며 가진 것을 나누며 살라고 하셨다.

이웃 간에도, 또 부부 간에도 서로 맞지 않아서 늘 불편하고 마음이 상한다. 아무리 고치려고 해도 안 된다. 상대방은 절대로 고칠 수가 없다. 차라리 내가 나를 고치는 게 더 빠르다.

세상을 살아갈 때 목소리 큰 사람이 이기는 것 같지만 그 반대이다. 내가 평화롭기 위해서는 상대방을 용서하고 살면 된다. 하느님 안에서는 힘 센 사람, 목소리 큰 사람이 이기는 게 아니다. 하느님의 논리로 끝까지 참는 사람이 이긴다.

1월에 우리나라 시복시성을 논의하기 위해서 로마 교황청을 방문하였을 때이다. 교황님을 뵈었을 때 무척 반가워하시며, 대통령이 어떻게 되었느냐며 관심을 보이셨다. 교황님께서는 박근혜 대통령이 탄핵되기를 바라셨을까? 전해주시는 주교님의 의중(?)과는 달리 반대일 것 같은 마음이 든다.

북한을 위해서 남북 간에 화해와 통일을 위해서 기도하고 있다고 하시며 한국에 가면 만나는 사람마다 내가 한국 신자들 한 사람, 한 사람을 위해서 기도하며 축복한다고 꼭 전해 달라고 하셨다. 그러시면서 당신을 위해서도 만나는 사람마다 기도해 달라고 당부하셨다고 전해주신다. 한국교회 전체의 마음을 담아 나도 한 귀퉁이에서 기도하게 된다.

'교황님을 위해서 기도합니다. 사랑합니다. 교황님!'

레지오 회합 때 주교님을 위해서 미사, 묵주기도, 희생 등 기도하라고 하여서 숙제처럼 하고, 그때 시작한 기도를 계속하고 있다. 한 번 기도 바구니에 넣은 이름을 내려놓을 수가 없어서 더 하게 된다.

대전교구 모든 신자들을 위해서 기도해 주시고 교구를 살피시느라 바쁘신 주교님 감사합니다. 방송에서나 주보에서 주교님 소식을 접할 때면 친정아버지를 뵌 것처럼 반갑고 건강하시길 기도하게 됩니다.

어느 날 조금이라도 짬이 나시면 또 부여를 찾아오셔서 교우들을 기쁘게 해주세요. 주교님!

'하느님, 모든 일들이 감사할 뿐입니다.

영원무궁토록 찬미 영광 받으소서. 아멘!' (2017. 3. 26)

친정엄마가 무슨 죄인지

친정엄마가 무슨 죄인지 걸핏 하면 엄마, 오늘 시간 있어요? 하는 전화다. 나도 시간을 쪼개 쓰는 형편이지만, 무조건 거절도 못하고 난감할 때가 한두 번이 아니다. 얼마 전에도 서진이까지 세 놈이 모였는데, 온종일 봐 주느라고 몸살이 날 지경이다. 점심으로 떡국을 끓여서 경원이와 선영이가 맛있게 먹고 서진이는 자느라고 못 먹었다.

1시간쯤 후에 서진이가 일어났다. 점심을 먹이는데 남아 있는 게 서진이 먹을 것밖에 없다. 서진이를 먹이면서도 혹시 경원이가 할머니가 서진이만 준다고 생각할까봐 내가 이거 잘못하고 있지, 경원이한테 섭섭한 마음을 심어주는 게 아닌가 싶어 마음이 쓰인다.

"경원아, 조금 있다 누나 학원에서 오면 떡국 또 끓여줄게. 아까 서진이 점심 안 먹어서 지금 먹는 거야. 알았지?"

그런데 조금 서운한 표정이 드는 것 같아서 두어 수저를 먹이고는 나머지는 서진이를 먹였다. 4시쯤 떡국을 또 끓여 주었더니 볶은 김치랑, 선영이와 경원이가 맛있게 먹었다. 온종일 아이들 하고 씨름하다 보니 선영이가 저녁 먹고 간다는 걸 너무 지쳐서 집에 가서 먹으라고 보냈다.

힘이 들어서 보내 놓고도 마음이 편치를 않다.

며칠 후에 사돈네를 갔는데 경원이랑 선영이도 와서 있고 거기다 외손들까지 와 있어서 정신이 하나도 없다. 내가 들어가니까 경원이가 "서진이 할머니, 서진이 할머니!" 하고 쫓아 나온다. 다른 때 같으면 "외할머니!" 하고 달려오는데, 서진이 할머니라고 부르는 까닭은 무얼까? 아마도 며칠 전 그 떡국 사건 때문이 아닐까 싶어 웃음이 났다. 어른보다 더 힘든 게 아이들 마음인지, 친손자, 외손자라는 표현이 묘하다는 생각이 들 때가 있다. 전혀 그럴 일이 아닌데 서진이가 경원이를 밀어내며, 우리 할머니라고 당당하게 내 무릎에 앉는 걸 보며, 누구 한 사람 너는 외손자, 너는 친손자라고 말해준 적이 없건만 이게 무슨 조화 속인지 모르겠다.

경원애미는 태중에서부터 제기동 성당을 다녔다. 이곳으로 이사 와서 5개월 후엔가 태어났으니까 몇십 년이 되었다. 그 후에 오빠가 유치부에 다닐 때부터, 오빠 손을 잡고 주일학교에 다녔으니까 작은 세월이 아니다. 주일학교와 중고등부 사도회를 졸업하고, 대학교에 들어가더니 주일학교 선생님을 한 주일도 빠지지 않고 4년을 마쳤다. 내가 생각해도 대견하다. 대학교 졸업하고는 성당 활동은 좀 쉬는가 싶었는데, 청년 성가대에 적을 두고 또 바쁘게 지낸다.

결혼하고 나서는 그만 하겠지 했는데 그게 아니었다. 이번엔 사위까지 단원이 되어 더 열심히 하느님 찬미의 노래를 부른다. 참 예쁘다. 1년 후에 선영이를 낳았다. 이젠 아이 기르느라고 성가대 활동은 접겠지 했는데, 한 달이 되니까 선영이를 맡기고 성가 연습을 하러 간다. 좋은 일이라고 생각되어 우리 둘이 즐겁게 손녀딸을 봐주며 행복해 했다. 그런데 데려온 지 1시간쯤 지나면서부터는 힘에 부치기 시작한다. 아직 어려서 품속에서 쏙쏙 빠져 나가는 것처럼 안기가 어려워서, 내가 언제 아이를 길렀나 싶을 정도로 모든 게 어색하고 힘이 든다. 그야말로 두 사람이 절절 매면서 토, 일요일을 네다섯 시간씩 손녀와 씨름을 했다.

선영이가 오는 날은 할아버지가 아무리 중요한 약속이 있어도 집에 있어야만 했다. 나 혼자는 감당이 안 되어서다. 그래도 선영이가 말문이 트이기 전에는 수월했다. 말을 하고 나서부터는 "도대체 엄마가 왜 이렇게 안 와요?" 하기 시작하면 엄마 기다리는 마음을 달래줄 길이 없어 더 힘이 든다.

4년 후에 선영이가 동생을 보았다. 4년을 힘들 게 손녀를 보았던 터라 둘째까지 낳았으니 이제는 성가대 활동은 못하겠지 했는데 이게 웬일인가? 한 달이 지나니 경원이까지 안고 와서 맡기고는 연습을 하러 간다. 어이가 없어서 그냥 웃고 말았다. 우리 두 사람한테 행복한 고난의 주말이 다시 시작된 것이다. 그러나 지금까지 살았던 세월 중에 아이들과 함께한 시간들이 가장 행복했던 시간이었다는 것을 백 번이고 말할 수 있다. 힘은 좀, 좀이 아니라 많이 들었지만 그런 행복감을 어디에서 맛볼 수 있으랴. 감사할 뿐이다.

아이들이 생기고부터는 청년 성가대에서 쫓겨나는 신세들이 되었다. 성가는 하고 싶은데 설 곳이 없어지자 함세웅 신부님께 토요 특전 미사에서 성가를 부르게 해달라고 청을 드려 허락을 받고, 「유빌라떼 주님을 찬미하라」라는 부부성가대가 탄생이 되었다. 부부성가대에서 태어난 아이들이 고물고물 자라서 성당 마당에서 뛰어 놀더니, 어느 날부터인가 아이들까지 성가대원이 되어 노래를 부른다.

아이들까지 성가를 부르는 날은 천상의 하모니가 되어 감동을 두 배로 준다. 그 미사 시간이 행복하다. 함세웅 신부님도 유빌라떼를 소개

할 때면 이 성가대는 이태리에서 초빙해온 성가대라고 말씀하신다. 그만큼 성가들을 잘 불렀다. 그렇게 하느님을 찬미하다 보면 아이들은 또 자라서 청년 성가대로 가고, 부부성가대도 장년 팀으로 가겠지만 그래도 유빌라떼는 영원하면 좋겠다.

하느님도, 먼 곳에서 시간을 아껴 가며 본당을 찾아오는 유빌라떼 성가 대원들을 축복하실 것 같다. 아마도 결혼해서 본당을 떠났던 젊은이들이 각처에서 유, 청년기를 보낸 성당까지 찾아와 성가를 부르는 일은 제기동성당밖에 없을 것 같다. 특히 서진애비는 서울도 아닌, 분당에서 토요일마다 제기동성당으로 다녔다. 가까운 곳으로 같이 미사를 보러 다니길 바랐는데 먼 곳까지 가는 게 서진어미는 불만이기도 하였다. 내가 며느리 입장이라고 해도 그런 마음이 들 것 같았다.

선영이가 아우를 볼 때인데 새벽미사에 성가 반주할 사람이 없어서 선영에미가 할 때였다. 대타로 반주할 사람이 없어서 해산달에도 하고 있었나 보다. 하루는 힘이 들어서 못 가게 되었을 때 선영애비가 대신 반주를 하게 되고 반주자를 찾을 때까지 지속되었다. 새벽미사에 반주하는 게 힘든 일인데 예쁘다.

친정엄마의 애환을 쓰다 보니 유빌라떼 이야기까지 쓰게 되었다. 모든 일이 감사할 뿐이다. 친정엄마가 죄가 많은 게 아니라 복이 많은 거라는 걸 알게 해주시니 얼마나 감사한 일인지.

'하느님! 감사합니다.'라는 말을 자꾸 하게 된다. (2006. 7)

풀꽃 같은 향내로

「그곳에 가고 싶다」라는 TV 프로를 보고 있었다. 어느 소설가가 나와서 많은 이야기를 하는 도중에 이런 말이 마음에 와 닿았나 보다. 끄적끄적 적혀 있는 걸 보니.

> 집에서는 무어가 안돼요. TV 봐야지, 전화 받아야지.
> 아내가 뭐라고 하면 설거지도 해야지.
> 우유 값 받으러 오지~ 일상은 영혼을 부식시키는 거 같아.
> 그렇다고 일상을 몰라라 할 수도 없는 거고.

난 이 말을 들으며 열심히 일하는 남자들은, 일상에 매달리게 하지 말고 자유롭게 내버려 둬야 되지 않을까 하는 생각이 들었다.

밥도 먹고 싶을 때 먹고, 세수도 하고 싶을 때 하고, 자유를 주면 일에 더 몰두하지 않을까? 일일이 잔소리하며 간섭을 하면 아무것도 못하고 시들어 버리지 않을까 싶어서….

난 남자들 편인 것 같다. 요즘 남자들이 안됐다는 생각이 언제부터인지 들기 시작했다.

또 어느 남자 탤런트가 자기가 지금까지 한 일 중에, 결혼을 한 것이 가장 큰 실수였다는 말에 약간 공감이 가기도, 무엇인가 일을 하려고 해도 아내의 잔소리 때문에 못하고 있는 것 같아 일상에 머무르는 생활이 답답했었나 보다. 그래도 그렇게 사는 것이 삶인데, 너무 큰 걸 바라나? 그런 남편과 사는 아내 또한 얼마나 불행할까 동정이 간다.

오늘 춘분 추위를 하는지 아침 기온이 영하 2도라는 예보가 있다. 그래도 10시경이 되니 날씨가 따뜻해진다. 작년에 토마토를 심었던 화분에, 파를 심어서 안에다 들여 놓았다. 파 사이로 나락 같은 싹이 튼다. 무얼까 궁금했다. 한 뼘쯤 자라도록 무슨 싹인지 가늠을 할 수가 없었는데 살짝 건드려보니 어쩌면, 그 가녀린 줄기에서 토마토향이 풍긴다. 화분을 밖에 내놓고 성북천엘 갔다. 어제도 햇빛을 쏘여줬더니 색이 짙어지고 줄기도 조금 튼튼해졌다. 식물마다 자기의 향을 내는 것들을 보며 창조의 신비에 감탄을 한다. 또한 그 향에 취해서 좋은 글을 읽을 때처럼 행복하였다.

오이를 딸 때면 상큼한 오이향 때문에 먼저 기쁘고, 생강밭에 가서 잎새를 살짝만 건드려도 그 향이 코끝에 날아와 한참을 머무르게 한다. 2년 전 넘어지는 바람에 두어 달을 거동을 못하고 누워 있을 때이다. 지인이 생강잎을 다발로 가져다주어서 머리맡에 놓아두었는데, 그 향기를 맡으며 심신이 치유되었었다. 모든 식물들이 자기의 고유한 향으로 우리를 반기니 일상이 감사하다. 어성초라는 식물은 비린내를 풍겨서 옆에 갈 수가 없다. 벌레들을 쫓아준다기에 심었는데, 옆에만 가면 내가 먼저 질려서 골치가 아프다. 사람들은 식물들보다 더 아름다운 향기를 풍기면 좋겠다.

마종기 시인의 이 시가 생각난다.

「새해를 맞으며」

내 혀에 풀잎을 채우려고 애쓸 일입니다.
입술로 짓는 죄, 혀로 저지르는 폭력을 멀리하고
내 몸에 향내를 채울 일입니다.
그리하여 말할 때 마다 다른 사람들과 스쳐 지날 때마다.
풀잎의 싱그러운 초록생명 내음만
환하게 퍼져나가기를 바랍니다.

감사하게도 내 옆에는 이런 향내를 내는 분들이 있어서 만날 때마다 행복하다. 이분들 생각만 하면 세상이 아름다워 보인다. 나도 향내를 내어보려고 애를 써보지만, 평생을 다듬으면 향내가 날까? 애를 써볼 일이다.

사람들 틈에 끼여 부지런히 걷고 있는데, 햇살 퍼진 양지에 쑥이며 냉이며 씀바귀가 뾰족뾰족 고개를 내밀고 있다. 각종 꽃들이 피었던, 흙이 있는 공간이다. 그 어린 싹들을 칼을 들이대고 도려내는 손이 있다. 아직은 너무 어려서 도려내면 안 되는데 뽑을 수도 없는 싹을 칼로 도려내는, 그 여자가 너무 하다는 생각이 들어서 한마디 하고 말았다.

"좀더 자라면 뽑아 가시지, 이제 막 고개 내미는 걸 도려냅니까?"

"내가 먹을 건데 그러면 어때요?" 한다.

그것도 대답이라고~ 한 대 쥐어박고 싶다는 생각이 들었다. 이 여자는 그 나물 먹으며 맛이나 느낄까? 속으로만 중얼거리며 걸을 수밖에.

개울가에 너울거리는 큰 잎새가, 어려서 먹어보던 소리쟁이 같다. 반가운 마음에 잎새들을 따고 있는데, 할머니 두 분이 옛날을 회상하시는지 물끄러미 보고 있다. 그래서 이게 소리쟁이가 맞는지 물었다.

"맞아요. 그걸로 국을 끓이면 미역국처럼 맛이 있어요." 한다. 긴가민가하면서 땄는데 정확하게 맛까지 알려줘서, 한 끼 먹을 것을 따다가 된장국을 끓였다. 어린 날 친정에서 온 가족이 둘러앉아서 된장국을 먹던 때가 추억 속의 한 장면으로 떠오른다. 그런데 이젠, 엄마도 안 계시니 새삼 보고 싶다는 마음만 밀려온다. 평생 농사짓는 틈틈이 안마당에 채송화와 국화를 가꾸시며 풀꽃 같은 향내로 우리들을 행복하게 해주셨는데, 그런 어머니를 만나려면 천국에나 가야 만날 수 있으니, 잘 살다가야지, 하는 마음만 들뿐이다.

행운의 전령사처럼

2003년 3월에 대문을 나서려던 나는 사방 두 뼘 정도의 흙이 있는 화단에, 손가락 크기만 한 어린 나무가 한가운데 심어져 있는 것을 보았다. 우리 집에 유일하게 흙이 있는 공간으로 아주 오래된 넝쿨 장미가 심어져 있던 곳이다. 너무 오래 되어서인지 봄이 되어도 꽃이 피지를 않아서 뿌리째 뽑아 버리고, 대추나무라도 심어볼까 생각 중이었다. 그런데 그 곳도 흙이라고 어디선가 씨가 날아와 나도 모르는 사이에 싹을 틔우고 자라 있었다. 그 모습이 너무도 신기하고 신비스럽기까지 하다. 그 날부터 나는 대문을 드나들 때마다 그 나무를 들여다 보고 소중하게 정성을 기울이게 된다. 무슨 나무인지도 모르고 매일 보며 지냈는데 어찌 그리도 잘 크는지 하룻밤만 자고 나면 쑥쑥 자라나 있다. 나중에 알고 보니 가죽나무라 성장이 빠르다고 한다.

5월 어느 날 며느리한테 전화가 왔는데 무슨 말인가 할 듯하면서, 망설이고 있다.

"왜 무슨 일인데 그래 말해 봐."

힘든 일이 생겼나 싶어 걱정이 되었는데,

“저 어머니, 임신된 지 5주째래요” 한다.

“뭐야! 오! 예쓰!!”

하고 소릴 지르는 바람에 옆에 있던 사람들이 다 놀라서 쳐다볼 정도였다. 얼마나 기다리던 말이었는지, 혼인한 지 8년만에야 들은 말이다.

‘오! 하느님! 감사합니다. 모두 다 당신 덕이옵나이다.’

그날 집에 들어오며 바라다 본 화단의 나무가 더 소중하고 고맙기까지 하다. 왠지 임신 소식을 듣기 전에 먼저 온 행운의 전령사처럼 느껴졌다. 그 이듬해 서진이가(손자) 태어나는 3월에는 이미 많이 자라서 내 키를 훌쩍 넘었다.

「청소년 시」

흙의 신비와 가죽나무
임동후
어디서 씨앗이 날아왔을까
정원 두 뼘 흙에 싹튼 가죽나무
하느님의 사랑 무한하시지
넓은 우주, 이 틈새에 씨앗 뿌리시니,

그랬어, 이 나무는 우리 집의 길조
2003년 5월 며느리의 잉태 전화
오, 하느님, 감사합니다!
모두 당신의 은총이옵니다.

너무 크면 담장이 무너진다 하지만
4층 높이 가죽나무 자를 수 없어

나중에 '서진'이가 어른이 되면
서진이가 알아서 잘 키우겠지.
- 모니카 자매님의 흙의 신비를 보고 (2007. 9. 7)

고맙습니다. 이렇게 멋진 선물을 주시다니요. 시(詩) 한 수로 해서 제 복이 더 커진 것 같습니다.

'장마가 끝나가나 했더니 오늘은 비가 많이 오고 있네요. 부산도 비가 많이 온다고 들었는데 사업에 지장은 없으신지요. 잘 지내시리라 믿어요.

야고버 회장님!

분도네를 위해서 늘 기도해 주셔서 감사합니다. 꾸준히 기도해 주신 덕분으로 좋으신 하느님께서 분도네에게 자녀를 허락하셨습니다. 이제 5주가 되었다고 하는군요. 끊임없는 기도 감사드리고 순산할 때까지도 기도 부탁드리면서 언제 한번 뵙게 되기를 바랍니다.'

이렇게 적어 팩스를 넣은 지 1분도 안 되어 회장님이 전화를 주셨다. "정말 좋으신 하느님이시네요. 며느님 임신 축하드립니다. 그러고 보니 기도한 지 한 3년 되네요" 하신다.

얼마나 감사한 일인지, 회장님이 만나거나 전화를 하면 분도네 안부를 물어주시니까 자연히 '분도네를 위해서 기도해 주세요.' 하고 부탁을 드렸다. 그렇지 않아도 하느님이 나를 데려다가 꼼짝하지 못하고 기도만 할 수 있는 곳에다가 잡아 두셨다며 하루에 묵주 기도를 50단은 하신다고 한다.

부산에서 수정 카펫 대리점을 하시는데 사무실을 비우지 못하고 영업사원들이 물건을 가지러 오면 일일이 체크를 해야 되기 때문에 꼼짝 없이 앉아 있어야 한다고 하신다. 그러니 기도를 부탁하지 않을 수가 없다. 기회가 될 때마다 분도네 위해서 잊지 말고 기도해 달라고 부탁하게 된다. 그럴 때마다 알았어요, 하고 있어요. 하시는 한결같은 대답이었다. 누구한테 말도 못하고 은근히 애기를 기다리는 내 심정이 측은해질 때마다, 아침저녁 기도하는 것만으로는 너무 부족한 것 같아서 9일 기도를 시작하곤 하였다. 그때 마다 안성 마리아 언니한테도 기도를 부탁하였다. 분도와 글라라한테도 엄마가 며칠부터 9일 기도를 하려고 하니 '너희들도 같이 해라. 본인들 기도가 제일 중요하단다.' 하며 두 사람 핸드폰으로 메시지를 보내곤 하였다. 그 외에도 분도네 안부를 묻는 분이 계시면 염치불구하고 기도를 부탁하였다. 고마우신 분들이다.

지난 2002년 12월 말에도 기도해 줘야지 이러고 있을 때가 아니야. 하며 9일기도를 시작하였다. 기도 시작한 지 얼마 되지 않아 예정되지도 않았던 아프리카 여행을 하게 되었다. 난 9일 기도 하던 날짜 적은 종이와 기도 책을 제일 먼저 챙겨서 가방에 넣었다. 그곳에서도 9일 기도를 빠뜨리지 않고 정성껏 해야지 하는 마음으로….

케냐 나이로비! 자연이 좋고 하늘이 낮게 내려와 있고 공기가 좋은 곳인 줄을 그 누구한테 들어 보지도 못하고 간 곳이었다. 까만 사람들만 많은 그런 곳으로만 알고 갔다. 온 나라와 가정집들까지도 모두 거대한 공원 그 자체였다. 조카딸 집에서 있는 동안 새들이 지저기는 소리에 눈을 뜨고 침대에 누운 채로 커튼만 젖히면 영화에서나 볼 수 있는 풍경이 펼쳐진다. 머리위에 내려온 듯 파아란 하늘에 흰 구름만 떠다니고 이름 모를 새들이 사방에서 지저귄다. 매일 새벽 30일 동안을, 이런 상쾌한 마음으로 기도를 바치니 기도가 더 잘 되는 것 같았다. 하느님! 아침마다 이렇게 좋은 자연 속에서 새소리를 들으며 기도하게 해주시니 감사합니다.

서울에 와서 같이 9일기도를 해주셨던 마리아 언니와 통화를 했는데, 54일 동안 기도 끝난 날이 나와 맞지를 않는다. 언니가 빨리 끝난 것 같았다. 난 조금 화가 나서, "언니는 무슨 기도를 그렇게 빨리 끝내? 성의도 없이 기도를 했나 봐" 하고 볼멘소리를 했더니 언니가 웃으며 난 하루에 묵주기도를 5단씩 한 게 아니라 15단씩 했어 너 한 번 마칠 때에 3번 마친 거야 하신다. 화낸 게 얼마나 미안하고 또 감사한지 고마울 뿐이다.

글라라(며느리의 본명)에게 애기를 가졌다는 기쁜 소식을 들은 후 언니네를 가게 되었다. 늘 기도를 해주던 언니라 만나자마자 "언니! 언니! 우리 며느리 애기 있어, 그동안 언니 고마웠어요." 하자.

"뭐! 애기가 있어? 그럼, 하느님이 어련히 도와주시려고." 하며 벌떡 일어나더니 "감사합니다. 감사합니다. 감사합니다. 우리 주! 알렐루야! 알렐루야! 감사합니다. 우리 주!" 하며 덩실덩실 춤을 춘다. 나도 같이 덩달아 춤을 추며 기쁨의 성가를 마음껏 불렀다. 옆방에 계신 형부가 우리들이 하는 모양을 보고 기뻐서 그러는 줄은 아셨겠지만 참 가관들이다 하셨을 것 같다.

결혼하면 피임하지 말고 애기 생기면 바로 낳아야 한다고 당부했건만, 학생 신분이어서 그랬는지 피임을 했다고 한다. 그동안 흘러간 세월이 길기도 하더니, 그랬는데 글라라가 그 어려운 박사 학위까지 취득한 다음에 아기를 갖게 해주셨음에 더욱 감사할 뿐이다. 하느님은 언제나 적절한 시기에 우리를 도우신다는 생각이 들 뿐이다.

결혼한 지 2년쯤 지나고부터는 시가고 외가고 간에 가족들을 만나기만 하면, '며느리 아직 애기 없어?' 하는 게 인사말이었다. 처음 몇 번은 걱정해 주시는 게 고마워서 대답을 잘 했지만, 만날 적마다 물어보니 스트레스 아닌 스트레스가 되어 한 번만 더 물어보면 화낸다고 엄포까지 놓곤 했다. 그러다가 실제로 화를 내는 일이 생겼다. 사촌들이 모인 자리에서 아가다 언니가 "얘, 분도네는 아직 애가 없니?" 하고 물었다. 내가 대답을 안 하고 다른 언니들과 얘기를 하고 있으면 아직 없으니까 저러나 보다 하고 안 물으면 될 텐데 재차 또 불러서 "얘! 분도네 아직 애기 없어?" 한다.

"아직 없으니까 대답을 안 하잖아요? 한 번만 더 물어봐 나 화낼 테니, 있으면 얘기해 줄 테니 기도나 해줘요" 하고 면박을 주었다. 지금 생각하면 나도 참 잘못했다. 아직 없어요. 언니, 기도해줘요. 하면 될 것을 화는 왜 냈는지….

'아가다 언니! 그렇게 걱정해 주셨는데 천국에서나마 기뻐해 주세요.'

내가 이 정도로 스트레스를 받으니 며느리는 어떠할까 싶어 가족들이 모이게 되면 글라라에게 애기 빨리 가져라 하는 말을 하지 말라고 미리 당부를 하곤 하였다. 늦게나마 저희들도 애기 가지려고 노력하니 기다려 주자고, 그런 세월이 벌써 8년이 흘러 버렸다. 고마우신 분들이 주위에 너무나 많다. 마리안나 형님, 헤레나 자매님, 이안이 엄마, 그동안 분도네를 위해서 걱정하고 기도해 주신 모든 분들께 감사의 기도를 바칠 뿐이다.

'하느님 아버지! 이 모든 일 감사할 뿐입니다. 무궁 세세에 찬미와 영광 받으소서. 아멘!'

추천사

신앙심과 인간애가 물 흐르듯 하는 전대사 이야기

오경자 (수필가·국제PEN한국본부 부이사장)

수필은 신변의 이야기, 자신의 체험을 바탕으로 해서 쓰는 글이라서 그 범위가 무궁무진하게 넓을 수밖에 없으며 글감의 대상 또한 다양하다. 거의 논문 수준의 전문적인 글이나 칼럼까지도 수필로 폭넓게 포용하는 추세이던 것이 요즘은 아예 수필의 장르를 그렇게 넓게 보는 것이 자연스럽게 자리잡았다 할 수 있다.

서달희의 이번 수필집 『이 팔찌의 주인은 누구였을까』는 수필이되 거의 대부분의 글이 기도문 같은 내용이다. 전대사를 하러 전국을 돌다시피 하면서 그 대상과 내용, 오가는 길 등을 소상하게 적고 있는 간증문 같은 글이면서도 절절한 기도문이다.

간간이 박혀 있는 일상을 그린 수필들이 보석처럼 빛나 보이는 것은 수필의 진수를 잘 갖춘 글이어서 그렇다고 할 수 있다. 기도문은 아무리 잘 써도 일반적으로 감동을 얻어내기는 힘든데 서달희의 글은 그렇지가 않다. 그 이유는 수필로 썼기 때문이라고 말 할 수 있다.

부모님을 비롯한 형제자매 가족들은 그렇다 치더라도 이웃과 지인뿐 아니라 그 사람들의 지인이나 인연 있는 각양각색의 사람들이 그가 전대사를 드리는 대상들이다. 여전히 연전에 어이없이 떠나보낸 외손자 라파엘에 대한 그의 기도와 연민은 아직도 뜨겁다. 눈을 감기 전에야 그를 떠나보낼 수 없는 일이겠지만 그 절절함이 독자의 가슴을 오히려 따뜻하게 녹여줌은 무슨 연유일까? 아마도 그의 깊은 신앙심에 대한 존경 같은 것이 아닐까 싶다.

그의 수필은 슬픈 이야기를 쓰면서도 유머를 잃지 않는 특징을 지니고 있다. 서달희의 수필에는 꾸밈이 없다. 있는 그대로를 지나칠 정도로 그대로 써 내려가서 오히려 산만하게 느껴지는 부분이 있을 정도로 솔직하다. 수필의 생명은 솔직하게 쓰는 것인데 막상 쓰려고 하면 그 솔직함이라는 것이 그렇게 쉽게 표현되는 일만은 아닌 경우가 많다. 하지만 그는 있는 그대로를 아무렇지 않게 담담히 쓰는 재주를 가졌다.

사람은 누구나 실수하기 마련이어서 잘한 이야기보다는 실수담이 더 감동을 주는 법이다. 그것 또한 실제 상황에서는 그리 간단하지 않은 문제인데 서달희는 자신의 실수를 스스럼없이 써 내려가고 있다. 그의 수필 전편에는 인간애는 물론이고 동물과 자연 모두에 대한 사랑과 긍정적 관찰이 물 흐르듯 하고 있다.

서달희의 수필은 천주교 신자로서의 돈독한 신앙심을 바탕에 짙게 깔고 있을 뿐만 아니라 직접적인 글감이 되는 경우가 대부분이다.

「누구일까」는 서달희라는 작가를 아는 사람이면 '아아 참 그답다'는 생각을 하면서 입가에 웃음이 번져 나오는 그런 수필이다.

부여로 이사 와서 처음 성당에 나갔을 때 친절하게 대해주던 자매 한 분이 기억에 남았는데 1년쯤 후 교통사고를 당했다. 그 분을 위한 전대사 기도를 청할까 생각하고 잠들었는데 그날 밤 꿈에 그 분의 옆얼굴만 보게 되었다. 왜 옆얼굴만 뵈었을까 궁금해하면서 전대사 기도를 해드리는 이야기이다.

자비의 희년 전대사기간이 되었다. 이번엔 어느 분이 기도를 청할까? 생각하며 잠이 들었다. 생시처럼 꿈을 꾸는데 (중략)~ 어느 분이 옆으로 앉아 있다. 다른 때 같으면 놀라서 누구냐고 소릴 질렀을 텐데 아는 분처럼 느껴져서 어떻게 오셨느냐고 부드럽게 물었다. 이유는 말하지 않은 채 웃으며 "이제는 다시 오지 않을게요." 한다. 그 분이 박마리아 자매님일 것 같다는 생각이 순간 들었다. 몇 번 뵈어서 얼굴을 아는데, 왜 옆모습만 보였을까? 궁금했지만, 그냥 박마리아 영혼을 위해서 전대사를 봉헌해 드렸다. -「누구일까」 중에서

이러한 그의 인간애는 「어린 천사 신원영」에서 잘 묘사되고 있다.

원영아 얼마나 무섭고 춥고 배가 고팠니? 아무리 계모라도 그럴 수는 없었다. 어떻게 그런 애비한테 태어나서 해맑게 웃던 모습이 싸늘한 주검으로 변했는지, 부디 예수님과 우리 라파엘 천사와 만나서 영원무궁토록 천상행복을 누리기를 기도하고 기도한다. -「어린 천사 신원영」 중에서

그의 유머는 우스운 이야기를 만들어서 삽입하는 것이 아니라 글을 쓰는 과정에서 자연스럽게 도입한다는 것이 특징이고 주목할 만한 재주이다. 「김일성 할아버지 손자 좀 타일러 주세요」라는 작품은 북한의 김정은에 대한 글이라 무거운 주제일 수 있는데 아주 능청스러울 정도로 심드렁하게 써 내려가고 있다. 그 속에 자연스럽게 유머가 숨어 있다. 이런 것이 수필에서의 유머이다.

김일성 할아버지! 이제 하느님의 자비로 하늘나라에 계실 테니 꿈에서라도 손자의 마음을 잘 다독이셔서 더 이상 핵을 만들지 말고 그 엄청난 돈은 인민들 먹여 살리는데 사용하게 해 주세요. 할아버지의 충고는 잘 따르리라 믿어집니다. -「김일성 할아버지 손자 좀 타일러 주세요」 중에서

유머라기보다는 동화의 한 장면 같은 표현인데 그 속에 소박한 유머가 깃들어 있다.

수필은 자신의 체험을 바탕으로 쓰는 글이어서 작가의 성격이 그대로 드러나는 글이고, 꾸밈이나 거짓이 없어야 되는데 작가의 「부여로 이사하게 인도하심」은 부여로 삶의 터전을 옮기게 되는 큰 사건의 계기가 되는 내용을 담고 있는 글인데도 마치 남의 얘기를 쓰듯 하고 있다. 이것이 서달희라는 수필가의 진면목이다.

성지에 왔던 길에 부여에 들르게 되어 우연히 집을 하나 보게 되고 단번에 계약해 버리는 내용인데 남편에게 설득 대신 통고하는 장면이 재미있다.

"나는 무슨 일을 할 때는 마무리를 빨리 지어야 다른 일을 할 수가 있답니다."

이런 과정에서 남편과 상의를 하면 일이 성사되기 전에 브레이크만 걸릴 것 같아서, 계약서를 주며 보라고 하였다. 메모지와 함께. (중략) 외출했다 돌아오니 별다른 말이 없어서, '남편도 40여 년 넘게 살아 온 서울을 벗어나고 싶은가 보다'고 감사한 마음이 들었다.

-「부여로 이사하게 인도하심」 중에서

아주 솔직하고 군더더기 없는 간결한 표현의 진수를 보여주고 있는

대목이다.

인간애, 사랑, 진솔함 등을 잘 보여주면서 그의 무한정할 정도의 독서열을 실감케 하는 작품이 「부활을 믿으십니까」이다.

> 선생님은 부활을 믿으십니까?
>
> 네, 믿고 있습니다. 하느님께 감사하며 살고 있으니 당연히 부활신앙을 갖고 있습니다. 이 세상에서의 삶은 잠시 머물다 창조주 하느님께 돌아가는 여정일 뿐이라고 생각합니다.
>
> 하지만 회장님, 먼 훗날 세상 끝날에 다가올 부활을 염원하기보다는 머지않아 다가올 내세에서의 평화를 갈망하고 있습니다.
>
> (중략)
>
> 강석호 회장님! 병마로 짓눌렸던 육신을 벗어 버리고 깃털처럼 가벼운 영혼으로 영원한 생명을 누리소서. 우리 어머니를 꿈속에서 만나는 것처럼 회장님 모습도 꿈에서라도 뵙기를 희망합니다.
>
> -「부활을 믿으십니까」 중에서

수필 세미나 때 만난 강석호 회장님과의 이런 대화를 시작으로 자신의 주제를 잘 형상화 시키면서 그 말미에는 먼저 떠나신 강회장님을 회상하며 그리는 기도로 끝을 맺고 있다. 신앙심과 인간애를 물씬 느낄 수 있는 진솔한 표현이다.

수필은 실수담이 돋보이기 마련인데 「마늘을 거꾸로 심어 놓고」에서는 자신의 실수를 담담하게 인정하는 모습이 사람 냄새를 느끼게 하는 수작이다. 「잠자듯 떠나신 아버지」에서는 부모에 대한 사랑을 노래하고 있다.

전 작품을 다 논평할 수는 없지만 서달희의 수필은 전편에 신앙심과 인간애로 넘쳐나는 내용들을 솔직하고 담백하게 표현하고 있다. 전편에 흐르는 것은 신앙심이며 그 신앙에 대한 확신이고 전대사 기도를 통해 영혼들을 사랑하는 모습은 경외스럽기까지 하다.

서달희 수필집

이 팔찌의 주인은 누구였을까

2020년 2월 25일 초판 인쇄
2020년 2월 28일 초판 발행

지은이 / 서달희
발행인 / 강병욱

발행처 / 도서출판 敎音社
편집 / 隨筆文學社 편집부

110-775 서울 종로구 경운동 88 수운회관 1308호
Tel (02) 737-7081, 739-7879(Fax)
e-mail : gyoeum@daum.nett
등록 / 제300-2007-52호

* 잘못된 책은 바꿔 드립니다. 값 12,000원

ISBN 978-89-7814-775-0 03810

이 도서의 국립중앙도서관 출판예정도서목록(CIP)은 서지정보유통지원시스템 홈페이지
(http://seoji.nl.go.kr)와 국가자료공동목록시스템(http://www.nl.go.kr/kolisnet)에서
이용하실 수 있습니다. (CIP제어번호 : CIP2020008789)